Meine Reise durch die 12 Rauhnächte

100 Rituale und Impulse

Ein Begleiter für mehr Achtsamkeit und Resilienz im neuen Jahr

Marie Rudolf

1. Auflage September 2024

Ehrengut Verlag
c/o COCENTER GmbH
Koppoldstr. 1
86551 Aichach

www.ehrengut-verlag.de
info@ehrengut-verlag.de

Cover: schere.style.papier – Lara Nelles
Lektorat: Tina Müller

ISBN: 978-3-9825230-8-8

Inhalt

In der Rauhnacht-Stille spricht der Himmel zu mir.

Roswitha Bloch (*1957),
deutsche Lyrikerin, Aphoristikerin, Dozentin und Lektorin

Vorwort

Das Wichtigste zuerst: Dieses Buch hat dich aus dem gleichen Grund gesucht und gefunden, aus welchem auch du nach diesem Buch gesucht hast, denn hier war das Gesetz der Resonanz am Werk und hat euch beide zusammengeführt. Du darfst dich also gern persönlich angesprochen fühlen, wenn du diese Zeilen und das vor dir liegende Buch liest.

Dieser Ratgeber zum Thema Rauhnächte ist in erster Linie als Inspiration und Wegbegleiter gedacht. Er kann dir Tipps und Ideen an die Hand geben, um die Zeit des Übergangs dafür zu nutzen, mehr Ruhe und Klarheit in dein Leben zu bringen.

Ein großer Teil des Buches ist den Ritualen gewidmet. Sowohl den bekannten Ritualen wie dem 13-Wünsche-Ritual als auch Ritualen aus anderen Ländern, die sich als besonders seelenreinigend, tröstlich oder ermutigend bewährt haben. Sämtliche genannten Rituale sind jedoch lediglich als Angebote zu verstehen, unter denen du diejenigen auswählst, die dir persönlich zusagen und die für dich am einfachsten umzusetzen sind. So ist auch das Räuchern in den Rauhnächten kein Muss, sondern lediglich eine von zahlreichen Möglichkeiten, um dein Zuhause und/oder dich von negativen Energien zu befreien. Daher findest du in diesem Buch neben den fünf Ritualen und fünf Reflexionsfragen pro Rauhnacht auch andere, wertvolle Tipps als gleichwertige Alternativen. Probiere einfach das aus, was sich für dich stimmig anfühlt und setze dich weder zeitlich noch anderweitig unter Druck. Die meisten Rituale sind, inklusive eventuell nötiger Anschaffungen, eher kurzgehalten und verlangen auch keine komplizierten Vorbereitungen.

Übrigens: Rund um die Zeiten bzw. Tage und Nächte der Rauhnächte kommt es immer wieder einmal zu etlichen Missverständnissen. Daher noch einmal zum besseren Verständnis: Die erste Rauhnacht beginnt in der Nacht vom 24. auf den 25. Dezember um 0 Uhr, genau genommen also am 25. Dezember, und endet am 25. Dezember um 23:59 Uhr, da dann die zweite Rauhnacht beginnt. Demnach ist beispielsweise die 8. Rauhnacht vom 31. Dezember auf den 1. Januar. Da die Rauhnacht genaugenommen jedoch erst um 0 Uhr beginnt (in dem Fall Silvester/Neujahr), spricht man vom 1. Januar als achter Tag. Es ist aber tatsächlich die Silvesternacht, um die es hauptsächlich geht. Die letzte Rauhnacht ist dann die Nacht des 5. Januars – also die Nacht vom 5. auf den 6. Januar. Jedoch endet die letzte Rauhnacht bereits um 23:59, da um 24 Uhr bzw. 0 Uhr schon wieder der nächste Tag (der 6. Januar) beginnt. Jede Rauhnacht geht also über zwei halbe Nächte und einen Tag, von Mitternacht bis Mitternacht!

In der Rauhnachtszeit geht es vor allem darum, dass du dir einmal Zeit für dich und deine Bedürfnisse nimmst – etwas, was im Alltag meist eher zu kurz kommt.

Es geht darum, mit möglichst kleinen, in den Alltag integrierbaren Schritten eine möglichst große Wirkung zu erzielen, und zwar weit über die eigentliche Zeit der Rauhnächte hinaus. Um dies zu erreichen, findest du in diesem Buch zahlreiche Ideen, die auch den jeweiligen Monat des kommenden Jahres mit einbeziehen.

Je mehr du dich auf diese mystische Zeit einlassen kannst, desto mehr profitierst du von diesem Buch und seinem Angebot, deine inneren Räume zu durchleuchten und aufzuräumen. Du gewinnst an Klarheit, an Resilienz, an Selbstbewusstsein und an innerer Ruhe.

Übungen für mehr Achtsamkeit und das Erkennen deiner eigentlichen Wünsche sowie wertvolle Tipps für das Setzen und Erreichen deiner Ziele sind ebenfalls Teil dieses Ratgebers, der dich auf dem Weg in eine neue Zukunft begleiten möchte.

Fazit: Nicht nur während der Rauhnächte, sondern auch in der Zeit danach bist du der Hauptdarsteller, der Regisseur und der Drehbuchautor in deinem Leben und du allein bestimmst, was du sowohl in der Rauhnachtszeit als auch im kommenden Jahr bzw. in deinem Leben umsetzt.

So repräsentieren die zwölf Rauhnächte nicht nur je einen Monat im nächsten Jahr, sondern auch dein gesamtes Leben. Denn was du in den Rauhnächten über dich selbst erfährst, was dich inspiriert und dir Klarheit verschafft, kann dein ganzes Leben verändern. So wie jede Reise, beginnt auch jede Änderung mit einem ersten Schritt. Wenn das dir vorliegende Buch dich dazu ermutigen kann, diesen ersten Schritt in die für dich richtige Richtung zu gehen, dann hat es schon seinen Zweck erfüllt.

Kapitel 1

Mythen und Legenden

Wie und warum die Rauhnachts-Bräuche und -Rituale entstanden sind

Die Nächte vom 25. Dezember bis zum 6. Januar werden als Rauhnächte bezeichnet. Zahlreiche Mythen und Legenden ranken um diese besondere, weil magische Zeit. Kein Wunder also, dass jahrtausendealte Bräuche und Rituale bis heute überlebt haben.

Doch was ist dran an den Geschichten rund um die Rauhnächte? Und woher stammen diese Bräuche und Rituale, die oftmals so seltsam anmuten und doch als Teil vieler Kulturen bis heute bewahrt werden?

Der Mythos der Rauh- oder Raunächte ist wesentlich älter als das Christentum. Als Ursprung gelten unter anderem altgermanische, keltische oder slawische Bräuche, die sich meist um die Wintersonnwende drehen, weshalb die Rauhnächte mancherorts auch bereits ab dem 21. Dezember, der längsten Nacht des Jahres, begangen werden. Diese Zeit zeigt also das Ende der Dunkelheit und des Todes an, nach welchem erneute Fruchtbarkeit und neues Leben hervorgehen. In dieser magischen Zeit soll die Grenze zwischen unserer Welt und der Welt der Geister und Götter besonders durchlässig sein, was auch so manche Gefahr für Leib und Seele der Lebenden bedeuten kann. Um sich den Schutz der Götter gegen so manches drohende Unglück im kommenden Jahr zu sichern, entwickelten die Menschen etliche Bräuche und Rituale, die zum Teil bis heute überliefert wurden.

Frau Holle als die strenge, aber gerechte Hüterin der Unterwelt

Eine der schönsten dieser überlieferten Legenden ist die von Frau Holle (Holda), deren Reich tief unter der Erde liegt und nur durch das Tor unter einem unversehrten Holunderbusch betreten werden kann. Daher wird der Holunderbusch vielerorts auch *Hollerbusch* genannt und wurde schon von den Kelten und alten Germanen als heiliger Busch verehrt. Wer einen Holunderbusch beschädigte oder gar fällte, galt als verflucht und wurde im kommenden Jahr von Unglück heimgesucht. Wie im Märchen von Goldmarie und Pechmarie (Frau Holle), gilt es, Frau Holle gnädig zu stimmen, um nicht – wie die arme Pechmarie – von Pech und Unglück verfolgt zu werden, sondern Frau Holles goldenen Segen zu empfangen.

Die Wilde Jagd von Odin und Frigg

In Skandinavien ist es die Göttin Frigg oder Freya, die gemeinsam mit ihrem Gemahl Odin (auch als Wodan bekannt) von Odins Thron Hlidskalf aus schweigend die Menschen auf Erden beobachtet. Während der Zeit der Rauhnächte öffnet Gott Odin jedoch die Tore der Unterwelt, so dass tote, ruhelose Seelen und Geister samt wilden Tieren die Unterwelt verlassen und in der Welt der Menschen eine Wilde Jagd veranstalten können. Wehe dem, der dieser Wilden Jagdgesellschaft in dieser Zeit in die Quere kommt. Daher stammt der

Brauch, während dieser Zeit im Haus zu bleiben, um nicht von dem wilden, angsteinflößenden Heer mitgerissen zu werden. Odin selbst führt das geisterhafte Heer gemeinsam mit seiner Gemahlin Frigg, die oftmals mit Frau Holle gleichgesetzt wird, in diesen Nächten an.

Die Percht – die *Weise Frau* der Alpen und ihre wilde Jagd

Vor allem im deutschsprachigen Alpenraum hat sich ein eigentümlicher Brauch bewahrt: das Perchtbrauchtum rund um die Gestalt der sogenannten Percht oder Perchta, die auch unter dem Namen Bertha oder Frau Berchte bekannt ist und ebenfalls an etliche Aspekte der Frau Holle, teilweise aber ebenso an eine alte Hexe erinnert. Auch hier ist es Tradition, der Wilden Jagd zu huldigen, die durch Percht angeführt und von ihren Krampussen begleitet wird. Vielleicht hast Du schon einmal Bilder aus dem süddeutschen Raum gesehen, auf denen Menschen mit unheimlichen Masken und Fackeln mitten in der Nacht durch die Lande ziehen? Das ist die Percht mit ihren Vasallen, der zu Ehren in dieser Zeit allerlei laute Mengen durch die Dörfer ziehen und so an die Ur- oder Mutterhexe Percht erinnern.

Der mythische Ursprung der 12 Rauhnächte

Die unterschiedlichen, aber doch ähnlichen Geschichten und Bräuche rund um die Rauhnächte sind schon recht geheimnisvoll.

Doch warum sind es genau 12 Rauhnächte? Was hat es mit dieser magischen Zahl 12 auf sich?

Der 21. Dezember kann als Nacht der Vorbereitung auf die kommenden Rauhnächte dienen, während die eigentlichen Rauhnächte genau um Mitternacht zwischen dem 24. und 25. Dezember beginnen und ebenfalls um Mitternacht zwischen dem 5. und 6. Januar enden. 12 Nächte also...

Um den Ursprung dieser Rauhnächte zu verstehen, musst du wissen, dass neben unserem heute gebräuchlichen Sonnenkalender mit seinen 365 Tagen auch ein Mondkalender mit 12 Mondmonaten und je 29,5 Tagen existiert. Dieser umfasst also etwa 354,36 Tage. Während der Mondkalender sich nach dem Lauf des Mondes richtet, ist für den Sonnenkalender die Zeit ausschlaggebend, welche die Erde benötigt, um die Sonne zu umkreisen.

Früher richteten sich die Menschen in vielen Dingen nach dem Mond – ob bei der Zeugung der Kinder, der Aussaat und der Ernte oder dem Fällen von Bäumen. Der Mondkalender ist heute daher vor allem in vielen ländlichen Gegenden noch immer von großer Bedeutung.

Als der früher gebräuchliche Mondkalender durch den Sonnenkalender mit seinen rund 365 Tagen ersetzt wurde, entstanden dadurch 12 zusätzliche Tage bzw. Nächte: die Zeit des Übergangs oder Wandels in eine neue Zeit, in welcher nicht die Naturgesetze, sondern die *Anderswelt* regiert und in welcher sich die Grenzen zu den oberen und unteren Welten öffnen.

Alte Rituale und Bräuche

Besonders wichtig war und ist das Ausräuchern von Haus und Stall, um böse Geister zu vertreiben und wohlgesinnte Geister willkommen zu heißen.

Ein anderer Brauch ist es, eine Kerze ans Fenster zu stellen, da böse Geister das Licht meiden. Aus dem gleichen Grund sollte man während dieser Zeit auch nur mit einer Kerze oder einer Fackel aus dem Haus gehen. Es sollte keine Wäsche gewaschen und aufgehängt werden, denn darin könnte sich die *Heerschar der Wilden Jagd* verfangen und Unglück über Haus und Hof bringen. Auch das Spinnrad sollte während dieser Tage und Nächte stillstehen, denn nur Frau Holle durfte sich in dieser Zeit ans Spinnrad setzen und die Schicksalsfäden der Menschen spinnen.

Die Vorbereitungszeit auf die Rauhnächte, die sogenannten Sperrnächte, beginnt am 8. Dezember und endet einen Tag vor dem Julfest, dem 21. Dezember. Spinnrad und Karren mit Rädern wurden in dieser Zeit weggesperrt, daher der Name *Sperrnächte*. Da jeder Tag der Rauhnächte einen Monat des kommenden Jahres symbolisiert, beobachteten vor allem die Bauern das Wetter an jedem einzelnen Tag der Rauhnachts-Zeit, um daraus Rückschlüsse auf das kommende Jahr ziehen zu können.

Es galt also, die Zeit der magischen Rauhnächte so zu gestalten, dass die Götter und Geister wohlgestimmt wurden und

Haus und Bewohnern für das kommende Jahr ihren Segen gaben.

Auch du kannst die magische Übergangszeit der Rauhnächte nutzen, um für dich alljährlich eine Zeit und einen Raum der Besinnung zu kreieren: mit deinen eigenen Ritualen, die dich auf das kommende Jahr einstimmen und dir dabei helfen, das Tor zu deinem Unterbewusstsein und wahren Selbst ein wenig mehr zu öffnen.

Kapitel 2

Vorbereitung

Wie du dich vorbereitest, was du brauchst und was hilfreich ist

Ein besonderes Ritual der Rauhnachtszeit ist das Räuchern der eigenen vier Wände, um diese von alten Schwingungen und Energien zu befreien. Früher waren es die bösen Geister, die mit dem Räuchern vertrieben werden sollten, was im Grunde die gleiche Bedeutung hat: Denn es geht in erster Linie um die Reinigung der Atmosphäre, aber auch um das geistig-seelische Einstimmen auf die besondere Zeit. Daher räuchern zahlreiche Menschen ihr Haus oder ihre Wohnung nicht nur am ersten und letzten Abend der 12 Nächte, sondern jeden Abend. Denn je öfter ein Ritual wiederholt wird, desto stabiler ist das Bewusstseinsfeld, welches dadurch aufgebaut wird und desto stärker wirkt dieses auch in deinem Unterbewusstsein nach.

Unerledigtes erledigen und abschließen

Um die Rauhnächte in aller Ruhe begehen zu können, ist natürlich einiges an Vorbereitung nötig. Für den Kauf des Räucherwerks und die Besorgung entsprechenden Zubehörs kannst du die Zeit vor den 12 Rauhnächten nutzen. Auch das intensive Aufräumen und Putzen solltest du rechtzeitig vor

#3 Das Führen eines Rauhnacht-Tagebuchs

Ein Ritual, welches dich ebenso einlädt, innezuhalten und einmal ganz bei dir zu sein, ist das Schreiben eines Rauhnacht-Tagebuchs. Ob du dir ein hübsch gestaltetes Rauhnacht-Tagebuch kaufst oder selbst kreierst, bleibt natürlich ganz dir überlassen. Da jede Nacht bzw. jeder Tag während dieser Zeit der 12 Rauhnächte für einen der Monate im kommenden Jahr steht, kannst du dir – dem jeweiligen Thema entsprechend – jeden Abend einige Gedanken machen und zu Papier bringen. Dies können Dinge sein, die du am Tage erlebt hast oder Gedanken und Inspirationen, die dir in den Sinn kamen. Aber auch Träume, sofern du dich nicht für ein reines Traumtagebuch entscheidest, können ihren Platz in diesem Rauhnacht-Tagebuch finden. Auch deine Wünsche und Ziele für das nächste Jahr kannst du hier notieren und in den Rauhnächten im Jahr darauf schauen, was sich davon tatsächlich manifestiert hat.

Dieses Tagebuch ist wie eine Freundin, der du die geheimsten Dinge anvertrauen kannst. Man sagt aber auch, dass jedem andächtig gedachten, geschriebenen oder gesprochenen Wort eine heilige Kraft innewohnt, weshalb das Schreiben eines Rauhnacht-Tagebuchs dir eine Hilfe beim Manifestieren deiner Wünsche und Ziele für das kommende Jahr sein kann.

Statt dir ein neues Tagebuch zu kaufen, kannst du aber auch den dafür vorgesehenen Platz in diesem Buch nutzen und deine Gedanken, Wünsche und Ideen dort aufschreiben. Hier steht dir für jede Rauhnacht etwa eine halbe Seite zur Verfügung, so dass du nicht unbedingt ein Extra-Tagebuch benötigst.

#4 Das Ritual der 13 Wünsche

Bei diesem Ritual geht es konkret um deine Wünsche für das nächste Jahr. Hierfür benötigst du mehrere weiche, rollbare Papierbögen, die du in 13 etwa gleich große Zettelchen schneidest, sowie einen Stift, einen langen Bindfaden und ein schönes Gefäß, in welchem die 13 Zettelchen Platz haben. Für das Aufschreiben der Wünsche empfiehlt sich die längste Nacht des Jahres. Räume einen Tisch frei, zünden eine schöne Kerze an und mache es dir gemütlich! Denn nur, wenn du wirklich entspannt bist, tauchen deine dir am Herzen liegenden Wünsche für das nächste Jahr auch aus den Tiefen deines Unterbewusstseins auf. Wünschen muss man sich trauen und zugestehen. Wie oft ist da eine Hemmschwelle, ein Aber im Weg, vielleicht auch aus Angst davor, dass sich der Wunsch womöglich nicht erfüllen wird?

Lege die 13 Zettelchen vor dir auf den Tisch und wage es, zu träumen.

Du wolltest schon immer mal ein Buch schreiben und wünschst dir, dass du dieses Vorhaben nächstes Jahr in die Tat umsetzen wirst? Dann schreib diesen Wunsch oder das Ziel auf einen Zettel. Du möchtest im nächsten Jahr endlich deinen Traumpartner kennenlernen? Auch dieser Wunsch wird fein säuberlich auf einem Zettel notiert. Du würdest gern einmal eine größere Summe im Lotto gewinnen? Warum nicht? Das Glück kommt zu denen, die lachen. Also lächle frohgemut, während du diesen Wunsch zu Papier bringst.

Damit dein Unterbewusstsein jedoch so gut wie möglich an der Erfüllung deiner Wünsche mitarbeitet, solltest du die folgenden Punkte unbedingt beachten:

- Jeden Wunsch solltest du mit den Worten „Ich wünsche mir...“ beginnen.
- Bei den 13 Wünschen solltest du nur Wünsche aufschreiben, die sich um dich drehen, also deine ganz eigenen Wünsche.
- Formuliere die Wünsche so klar wie möglich und nicht im Konjunktiv – also statt *würden* werden usw.
- Schreibe nur Wünsche auf, die auch realistisch und erreichbar sind – ein Flug auf den Mond oder etwas Ähnliches sollte es also nicht unbedingt sein.

Hier einige Beispiele für Wünsche und Wunschformulierungen, mit denen du am ehesten Erfolg haben wirst:

Ich wünsche mir im nächsten Jahr mehr körperliche Fitness und dass ich es schaffe, jede Woche 30 Minuten Sport zu machen.

Ich wünsche mir, dass ich im nächsten Jahr meinen Traumpartner finde und dass ich mich traue, interessante Menschen anzusprechen.

Ich wünsche mir im nächsten Jahr mehr Geld und dass ich es schaffe, mehr zu sparen.

Wenn du möchtest, kannst du deine Gedanken zu den 13 Wünschen hier aufschreiben:

#5 Gedankenreisen

All die Gestalten, Geister und Götter, die dir in den Geschichten rund um die Rauhnächte begegnen, sind nicht nur Wesen aus Mythen und Legenden, sondern auch Aspekte deiner inneren Welt – deiner Seelenlandschaft, die entdeckt und bereist werden kann. Gerade in der Zeit der Rauhnächte bieten sich solche Gedankenreisen in die eigene Seelenlandschaft an, um dort archetypischen Gestalten wie Frau Holle und Gold- oder Pechmarie zu begegnen. Denn auch in dir wohnt eine strenge, aber gerechte Frau Holle in der Gestalt eines inneren Richters. Da du ebenfalls sowohl Gold- als auch Pechmarie bist, bist du selbst es auch, die sich bestraft oder belohnt bzw. gerecht oder ungerecht behandelt fühlt, sich mit Gold (Glück) oder Pech überhäuft.

Steig hinab in das Reich deiner bzw. Frau Holles Unterwelt. Setze oder lege dich dafür in einem abgedunkelten Raum hin und schließe deine Augen. Atme einige Minuten lang langsam ein und aus. Wenn du das Gefühl hast, dich auf eine Gedankenreise- oder Wanderung einlassen zu können, stell dir vor deinem inneren Auge einen Weg durch Wiesen und Felder vor, an dessen Ende sich ein magischer Brunnen befindet. Steig in diesen Brunnen hinein – er führt direkt in deine persönliche Unterwelt, in welcher Frau Holle wohnt. Nachdem du auf einer grünen Wiese angekommen bist, wartest du auf Frau Holle, die sich dir zeigen wird, wenn du dafür bereit bist. Wenn sie sich dir nähert, betrachte sie aufmerksam: Diese weise, gerechte und gnädige Frau ist ein Teil von dir, der dafür sorgt, dass du dir selbst treu bleibst, ohne dich dabei zu verbiegen. Frau Holle steht aber auch für Belohnung und Bestrafung und stellt ein personifiziertes Gewissen dar.

Wir alle befinden uns manchmal auf der Sonnenseite und

manchmal auf der Schattenseite des Lebens und sind daher Goldmarie und Pechmarie zugleich. In jedem von uns steckt eine Goldmarie, die nicht *Nein* sagen und sich nicht abgrenzen kann oder eine Pechmarie, die zwar zu ihren eigenen Bedürfnissen steht, aber dafür die ihrer Mitmenschen übersieht...

Wenn du unbewusst zu Eigensabotage und Selbstbestrafung neigst, dann ist hier der strenge, strafende Aspekt von Frau Holle am Werk. Versuche, dich mit dieser strengen Seite in dir auszusöhnen und schau, ob du auf deiner nächsten Gedankenwanderung in Frau Holles Reich dann nicht ein liebevolles Lächeln auf Frau Holles Gesicht zaubern kannst. Du kannst Frau Holle alles fragen, was dir in den Sinn kommt oder sie aber auch einfach schweigend anschauen, bis es für dich Zeit ist, wieder nach oben zu gehen. In Gedanken kannst du natürlich nicht nur das Unterreich von Frau Holle besuchen, sondern überall dorthin wandern, wo dein Herz dich hinzieht.

Wenn du möchtest, kannst du deine Gedanken notieren:

____

____

____

____

____

____

Kapitel 4

Fünf hilfreiche Tipps für die Rauhnächte

Die Rauhnächte sind kein Wettbewerb, bei dem es gilt, alles so perfekt wie möglich zu machen. Im Gegenteil: In dieser Zeit geht es einmal darum, dir selbst, deinem innersten Wesenskern so nahe wie möglich zu sein. Es geht um dich und nur um dich. Alles andere – die Rituale im Außen, die Außenwelt an sich – ist nur die Bühne, auf der sich die Geschichten deiner Seelenwelt widerspiegeln. Die Zeit der Rauhnächte ist jedoch die Zeit, in der du deine Innenwelt einmal bewusst wahrnimmst, um dann zu entscheiden, was sich auf der Bühne deines Lebens abspielen darf. Hast du das Gefühl, dein Leben glich bisher einem Drama, so kannst du diesem endlosen Drama nun ein Happyend anhängen und eine neue Lebensgeschichte mit mehr Glück und Freude beginnen.

Die folgenden 5 Tipps können dir dabei helfen, das Drehbuch für dein Leben im nächsten Jahr so zu gestalten, wie es deinem inneren Wesen entspricht.

#1 Schreibe deine Träume auf

In deinen Träumen zeigt sich viel von dem, was dich unbewusst beschäftigt. Jede der 12 Rauhnächte steht für einen Monat des kommenden Jahres, weshalb es sinnvoll ist, die Träume jeder Rauhnacht mit Datum aufzuschreiben. Lass dir jeden Morgen nach dem Aufschreiben deines Traums noch eine Weile Zeit, um über den aktuellen Traum nachzudenken, so kommst du dem, was der Traum dir sagen möchte, mit jedem Mal ein wenig näher. Auch deine Träume kannst du hier im Buch niederschreiben, es gibt für jeden Tag der Rauhnachtszeit am Ende des Kapitels ein wenig Platz, um einige Zeilen über deine Träume zu schreiben.

#2 Richte einen kleinen Rauhnachts-Altar her

Vielleicht hast du eine hübsche Kommode, die du für die Zeit der Rauhnächte zu einem kleinen Altar umfunktionieren kannst? Deine Räucherutensilien, falls du welche hast, die Schüssel mit den Wunschzetteln und eine Kerze – all das darf hier Platz finden und verleiht deinem Wohnraum eine ganz besonders stimmungsvolle Atmosphäre.

#3 Nimm dir regelmäßig eine Me-Time-5-Minuten-Auszeit

Wenn du dich jeden Tag um die gleiche Uhrzeit einmal für fünf Minuten mit geschlossenen Augen hinsetzt, das Handy, das Telefon und die Klingel dabei ausmachst, zeigst du deinem Unterbewusstsein: Es ist Me-Time, weil ich es mir wert bin.

Halte diese kurze Verabredung mit dir selbst möglichst konsequent ein. Denn gerade in dieser Zeit geht es darum, zu lernen, die Dinge geschehen zu lassen und sich vom Alltag und seinen Pflichten zurückzuziehen.

#4 Versuche dich im digitalen Fasten

Zugeben: Es ist nicht leicht, einen ganzen Tag lang ohne Handy und Co durchzuhalten. Aber es lohnt sich. Sollte es dir – wie wohl den meisten Menschen – nicht möglich sein, volle 12 Tage das Handy auszulassen, dann kannst du dich vielleicht 12 Tage lang von Instagram, Facebook usw. fernhalten. Auch damit bringst du schon einiges an Ruhe in deinen nicht alltäglichen Alltag während der Rauhnachtszeit.

#5 Verzichte einige Tage lang auf Fleisch und Wurst

Einige Menschen sind davon überzeugt, dass der Geist durch echtes Fasten durchlässiger und empfänglicher für Schwingungen wird. Auch Otto Buchinger, der *Vater des Heilfastens* hat diese Erfahrung gemacht. Doch nicht jeder mag um diese Zeit herum fasten, wo doch Weihnachtsplätzchen und Stollen sowie andere kulinarische Genüsse darauf warten, verspeist zu werden. Für einige Tage auf Fleisch und Wurst zu verzichten, ist dagegen wohl jedem möglich. Auch dies kann schon eine energetische Reinigung in Gang setzen und dich für die subtileren Ebenen sensibilisieren.

Kapitel 5

Erste Rauhnacht – 25. Dezember

Zurückblicken und Altes loslassen

Jede der 12 Rauhnächte steht nicht nur für einen bestimmten Monat des kommenden Jahres, sondern auch für ein konkretes Thema, welches dir als Leitfaden für besondere Rituale dient. Dabei bietet dir jedes Thema die Möglichkeit, dich mit besonderen Aspekten zu beschäftigen, die oftmals im Dunkeln, in deinem persönlichen Schatten liegen und beleuchtet werden wollen. Dieses Licht deines Bewusstseins erhellt so manchen Bereich deiner Seele und sorgt so für mehr Klarheit und aus der zeitlichen Distanz heraus für einen liebevollen Blick auf dich selbst und andere. Ab Mitternacht zwischen dem 24. Dezember und dem 25. Dezember beginnt die erste Rauhnacht, die für den Monat Januar des nächsten Jahres steht. Das Thema dieser ersten Rauhnacht ist *Zurückblicken und Altes loslassen*. Dies ist ein wesentlicher Aspekt vor jedem Neubeginn. Denn nur dort, wo Raum und Zeit geschaffen und Altes beendet und losgelassen wurde, kann etwas Neues entstehen. Das, was du loslassen möchtest, solltest du ein letztes Mal bewusst anschauen, darüber reflektieren und dich in Dankbarkeit und Liebe daran erinnern. Dankbarkeit für die schönen Dinge und Menschen, die dir in diesem Jahr begegnet sind, aber auch Dankbarkeit für weniger schöne Zeiten, denn sie waren dir einerseits womöglich große Lehrmeister und liegen andererseits jetzt hinter dir. Du befindest dich lege, ob du den Gegenstand noch benutzt oder aus einem anderen Grund noch aufheben magst. So ist es auch mit deinen unbewussten Gedanken- und Verhaltensmustern: Welche davon möchtest du beibehalten und was möchtest du lieber ändern bzw. loslassen?

Übrigens: Dieses minimalistische Ausmisten in Form eines Rituals ist in der ersten Rauhnacht gestattet. So richtig aufräumen sollte man während der Zeit der Rauhnächte jedoch nicht. Dies soll nämlich Unglück bringen und sollte daher rechtzeitig vor Beginn der Rauhnächte stattfinden.

#3 Räuchere deine Wohnung mit Weihrauch aus

Nach dem Rückblick auf dein vergangenes Jahr ist es Zeit, die Zimmer mit Weihrauch zu räuchern, um dein Zuhause noch einmal von allen alten, losgelassenen Gedanken und Schwingungen zu reinigen. Weihrauch gilt als besonders reinigend, sowohl für den dich umgebenden Raum als auch für deine inneren Räume, für deine Gedanken- und Gefühlswelt. Nach dem reinigenden Räuchern mit Weihrauch wirst du Energien und Schwingungen besser wahrnehmen und vorurteilsfreier interpretieren können.

#4 Gönne dir ein reinigendes Bad

Ein Bad wirkt sich ebenfalls auf Körper, Geist und Seele zugleich entspannend und reinigend aus. So wie sich die Poren der Haut durch die sie umgebende Wärme öffnen, öffnet sich auch deine Innenwelt und du kannst unschöne Gedanken und

Erinnerungen besser loslassen. Einige ätherische Öle wie Rosmarin oder Zitrone sollen die Entgiftung anregen. Mit ein wenig Fantasie kannst du dir beim Baden vorstellen, wie alles Alte, Verbrauchte und Belastende dich beim Baden verlässt und beim anschließenden Duschbad in den Kreislauf der Natur fließt, wo es in positive Energien umgewandelt wird.

#5 Zünde Kerzen für deine Liebsten an

Ob du nun lediglich eine Kerze anzündest, da dies die erste Rauhnacht ist, oder ob du für jeden deiner Lieben eine eigene Kerze anzündest, bleibt dir überlassen. Der flackernde Kerzenschein kann dir dabei helfen, eine visuelle Reise in die Vergangenheit zu unternehmen und anschließend deine Gedanken wieder auf das Hier und Jetzt zu richten, um Vergangenes loslassen zu können. Gleichzeitig kannst du im Lichte des Kerzenscheins deine Wünsche für deine Liebsten formulieren und so ans Universum weitergeben.

Kapitel 6

Zweite Rauhnacht – 26. Dezember

Zur Ruhe kommen

Auch die zweite Rauhnacht steht unter einem bestimmten Stern bzw. einem besonderen Thema. Diesmal liegt der Fokus darauf, zur Ruhe zu kommen, um zu sich selbst und der inneren Mitte zu finden. In dem altbekannten Sprichwort *In der Ruhe liegt die Kraft* liegt eine große Weisheit verborgen. Denn alles im Universum besteht aus zwei nur scheinbar einander entgegengesetzten Kräften, die sich gegenseitig ergänzen und einander bedingen. Auch dein Körper kennt den Sympathikus mit seiner nach außen gerichteten Yang-Kraft und den Parasympathikus, der eher mit Ruhe und Erholung in Verbindung gebracht wird. Und was wäre der Tag ohne die erholsame Nacht, in der du das tagsüber Erlebte verarbeiten kannst?! So wie während der dunklen Jahreszeit die Natur um dich herum zur Ruhe kommt, so benötigst auch du als Teil der Natur ausreichend Phasen der Ruhe, um dich regenerieren zu können. Lass also die Yin-Kraft in dir zum Tragen kommen und gönne dir regelmäßig Momente der Ruhe und Stille.

Rituale für die zweite Rauhnacht

Auch für die zweite Rauhnacht gibt es etliche Rituale, die dich zum Mitgestalten deines Schicksals einladen. In der zweiten Nacht geht es darum, zu erkennen, dass nicht nur zählt, was du tust, sondern auch, dass du dich zwischendurch zurückziehst, damit das, was du gesät hast, in Ruhe wachsen kann, auch in dir. Um zur Ruhe zu finden, ist es nötig, darauf zu vertrauen, dass das Universum mit seinen Kräften wirkt, wenn du selbst einmal nichts tust. Dafür hat das Universum viele Hände, nicht nur deine. Die folgenden fünf Rituale können dir bewusst machen, dass deine Kraft aus der Ruhe, dein Tun aus dem Nicht-Tun kommt und dein Licht die Dunkelheit benötigt, um gesehen zu werden.

#1 Lass einmal die Sinne ruhen

Mit unseren Sinnen erfahren wir die Welt, daher sind diese tagtäglich am Arbeiten, um dir mitzuteilen, wie etwas aussieht, wie es sich anhört oder anfühlt, wie es schmeckt usw. Doch je weniger deine Sinne sich auch einmal zurückziehen dürfen, desto abgestumpfter werden sie. Die Sehkraft lässt nach stundenlanger Arbeit am PC nach, die Ohren werden durch zu laute Musik taub, die Haut bekommt eine dicke Hornhaut, um sich vor Verletzungen zu schützen und zu scharfes, süßes, salziges oder heißes Essen stumpft die Geschmacksknospen ab.

Wenn du für eine gewisse Zeit weder aufs Handy noch auf den PC oder den Fernseher schaust, können sich deine Augen erholen. Ähnlich geht es deinen anderen Sinnen, wenn du ihnen täglich eine Pause gönnst. Nimm einmal bewusst wahr, wel-

#5 Besuche Kinder im Kinderkrankenhaus oder spende für kranke Kinder

Auch während wir besinnliche Rauhnächte genießen, gibt es Kinder, die Weihnachten und die Tage danach im Krankenhaus liegen und Heimweh haben.

Ein Besuch auf einer Kinderstation mit selbstgebackenen Keksen, Nüssen und Mandarinen für die Kinder und die Stationsschwestern ist ein herrliches Ritual, welches du am Tag jeder dritten Rauhnacht durchführen könntest. Vielleicht steckst du mit dieser Idee auch andere an, die sich ebenfalls an diesem Herzensprojekt beteiligen möchten. Das kannst du auch gemeinsam mit deinen Kindern machen, wenn sie schon etwas älter sind. Mit kleineren Kindern ist das zu anstrengend und in der Zeit der Rauhnächte sind Anstrengung und Stress eher kontraproduktiv.

Solltest du aufgrund deiner beruflichen oder familiären Situation so gar keine Zeit für ein solches Ritual oder Projekt haben, kannst du auch einen bestimmten Betrag, den du das gesamte Jahr über extra für diesen Zweck gespart hast, an ein Projekt für kranke oder verwaiste Kinder spenden.

Grundsätzlich geht es beim Öffnen des Herzens darum, für andere Menschen, aber auch Neues offen zu sein, sich nicht zu verschließen, sondern bereit zu sein, etwas Neues auszuprobieren, sich auf unbekanntes Terrain einzulassen und auch die Meinungen anderer ebenso gelten zu lassen wie die eigene.

Selbstreflexion

Für den Tag der dritten Rauhnacht können dich die folgenden Fragen dem Thema *Herz öffnen* näherbringen.

In welcher Situation hast du dich das letzte Mal im Herzen so richtig berühren lassen?

____

____

____

In welcher Situation hast du das letzte Mal jemand anderen im Herzen berührt?

____

____

____

Wie fühlt es sich für dich an, ein Tier zu streicheln?

____

____

____

In welchen Situationen fällt es dir schwer, dein Herz zu öffnen?

Verurteilst du dich und andere oft oder kannst du dir selbst und anderen Verständnis entgegenbringen und bist offen für Neues und Unbekanntes? Schreibe deine Gedanken dazu nieder.

Hier kannst du weitere Gedanken aufschreiben:

Tipps, Impulse und Anregungen für das nächste Jahr

Nimm die Herzensenergie, die du in der dritten Rauhnacht verspürst, mit in das kommende Jahr. Es spricht nichts dagegen, Rituale, die in der Zeit der Rauhnächte geholfen haben, dich mit deinem Herzen zu verbinden und dich zu öffnen, auch im kommenden Jahr einen festen Platz in deinem Leben einzuräumen.

Widme einen bestimmten Tag im Monat (nicht nur im dritten Monat) stets dem Öffnen deines Herzes. Du wirst sehen, dass du mit einem geöffneten Herzen die Macht hast, die Herzen anderer Menschen ebenfalls zu öffnen. Ein verschlossenes, verhärtetes Herz erreicht die Herzen anderer Menschen dagegen nicht. Du wirst erleben, dass das nächste Jahr dann für dich zahlreiche neue Kontakte und Möglichkeiten bereithält, die du anderenfalls vielleicht einfach übersehen hättest.

Kapitel 8

Vierte Rauhnacht – 28. Dezember

Umkehren und Richtung wechseln

Auch die vierte Rauhnacht repräsentiert wieder einen Monat des kommenden Jahres, diesmal ist es der April, der, wie eben auch die vierte Rauhnacht, *Umkehren und Richtung wechseln* zum Thema hat. Dies ist eines der wichtigsten Themen im Leben eines jeden Menschen, denn es setzt Selbstreflexion, Einsicht und Mut zur Veränderung voraus. Umkehren und Richtung wechseln ist also das Gegenteil von dem, was viele Menschen Tag für Tag tun, ohne es in Frage zu stellen. Denn die meisten Menschen gehen als geborene Herdentiere stets geradeaus, auch wenn sich dieser Weg irgendwann als nicht mehr stimmig anfühlen sollte. Ein bekanntes Sprichwort von Hermann Hesse besagt: *Wer zur Quelle finden möchte, muss gegen den Strom schwimmen.*

Vielleicht musst du nicht unbedingt ständig gegen den Strom schwimmen, aber du solltest zumindest offen dafür sein, deinen bisherigen Weg, deine Meinung und deine Glaubensmuster zu überdenken und in Frage zu stellen. Solltest du feststellen, dass du in eine Sackgasse geraten bist oder dein Weg dich in eine andere Richtung führen möchte, da der alte Weg dir nicht mehr entspricht, dann habe den Mut zum Umkehren und Wechseln der Richtung für einen Neunanfang.

Rituale für die vierte Rauhnacht

Die 4. Rauhnacht symbolisiert nicht nur den April des kommenden Jahres, sondern steht mit diesem auch in enger Beziehung zum Sternzeichen Widder und dessen frühlingshaften Energien. Alles drängt hin zum Neuen und Unbekannten, während verbrauchte Energien in neue Energie umgewandelt werden, die dem sich entwickelnden Leben wieder zur Verfügung stehen. So werden die abgestorbenen Blätter und andere organische Substanzen zu humusreicher Erde, die ihre Nährstoffe an die darin wachsenden Pflanzen weitergibt. Dieser Kreislauf in der Natur kennt keinen Abfall, alles erfährt einen lebensspendenden Umwandlungsprozess, damit das Leben in seiner Vielfalt weitergeht. Nur Wachstum in eine Richtung ist nicht möglich, was du wiederum am Fallen der Blätter im Herbst erkennen kannst. Das Blatt kann nicht Blatt bleiben. Denn jeder Neuanfang bedingt das Loslassen und die Umwandlung des Alten. Die vierte Rauhnacht lädt dich ein, deine bisherigen Rollen und Masken zu überprüfen und herauszufinden, welche du bereit bist, für deinen eigenen Transformationsprozess abzulegen, um – wie der Widder im Frühling – einen neuen Weg zu beschreiten. Die folgenden Rituale können dir dabei helfen.

#1 Das Verbrennungs-Ritual

Anders als bei den dreizehn Wünschen geht es bei diesem Ritual um alles Belastende und Dinge, die du darum ändern oder aus deinem Leben verbannen möchtest. Schneide dir einige Zettelchen zurecht und lege sie vor dich auf den Tisch. Du kannst auch für dieses Ritual eine Kerze anzünden und stimmungsvolle, emotionsgeladene Musik anmachen, wenn du magst. Nun denke einmal bewusst an alles, was dich ärgert, was dich belastet oder dich negativ stimmt. Dies können Dinge oder Menschen im Außen sein. Aber auch das eigene negative Denken oder das unbewusste Hineinschlüpfen in eine Opferrolle, welcher du eigentlich schon längst entwachsen bist, kann Platz auf einem dieser Zettel finden. Schreibe alles Negative und dich Belastende mit einem Bleistift auf und falte die Zettel anschließend mit Bedacht zusammen.

Als nächsten Schritt verbrennst du die Zettel in einer feuerfesten Schale – beispielsweise über dem Waschbecken – und stellst dir dabei vor, wie all diese negativen Energien mit verbrennen und sich dabei in hilfreiche, neue Energien umwandeln. Du kannst die Asche dafür draußen auf der Erde zerstreuen und gewiss sein, dass so auch auf physischer Ebene ein solcher Umwandlungsprozess stattfinden wird.

#2 Das Ritual des langen Ausatmens

Der Atem nährt dich nicht nur mit Sauerstoff, sondern verbindet dich auch mit deiner Umwelt. Was oftmals vergessen wird: Mit dem Atem geben wir unsere verbrauchte Atemluft ab, die unter anderem Kohlendioxid enthält. Bei den meisten Menschen liegt der Fokus jedoch stets auf dem Einatmen. Doch nur wer richtig und vollständig ausatmet, kann auch gut einatmen. Über deine Atmung findet also auch eine Art Entgiftung und Umwandlung statt.

Daher macht es Sinn, auch dem Ausatmen ein Ritual zu widmen. Setz dich hierfür bequem auf einen Stuhl und lege deine rechte Hand auf deinen Unterleib. Atme einige Male einfach in deinem natürlichen Tempo und Rhythmus ein und aus. Nach etwa zehn Atemzyklen zählst du während des Einatmens bis sieben, das heißt, du atmest so lange ein, bis du bis sieben gezählt hast. Wenn du es nur bis sechs schaffst, ist es auch okay. Denn es kommt hierbei lediglich darauf an, dass du etwas länger ausatmest als einatmest. Beim Ausatmen zählst du daher bis acht, das heißt, du atmest einen Moment länger aus, als du eingeatmet hast. Wenn du glaubst, zu Ende ausgeatmet zu haben, stößt du noch einmal mit letzter Kraft die restliche Luft aus deinem Brustkorb heraus, indem du die Lippen nur leicht öffnest – so, als wenn du ganz schnell eine Kerze auspusten wolltest. Dies reinigt dich regelrecht von innen und soll auch dabei helfen, in den Atemwegen sitzenden Schleim zu lösen. Versuche dies etwa fünf Minuten lang und finde anschließend wieder in deinen gewohnten Atemrhythmus zurück. Vielleicht möchtest du diese kleine Atemübung im April als tägliches Ritual in deine Morgenroutine mit einbauen. Sie kann dir helfen, dich selbst und auch Kleinigkeiten wie einen veränderten Atemrhythmus besser wahrzunehmen.

#3 Dankeschön-Ritual für die Ahnen

Oftmals sind es nicht gegenwärtige Probleme, die uns an der Weiterentwicklung hindern, sondern weit in der Vergangenheit liegende Erlebnisse, die uns unbewusst bremsen und Ängste entstehen lassen, die durch kleinste Dinge wieder aufflackern, ohne dass wir wissen, warum. Manche angst- und problembesetzten Themen ziehen sich sogar durch ganze Generationen einer Familie durch. Heute weiß man, dass vor allem traumatische Erlebnisse als unbewusste, in den Zellen gespeicherte Erinnerungen an die nachfolgenden Generationen weitergegeben werden. Denn eine Familie ist mehr als eine Gruppe blutsverwandter Familienmitglieder. Sie ist vielmehr ein großes Ganzes, ein Gefüge, ein Organismus, dessen Organe – die Familienmitglieder – miteinander agieren und kommunizieren und das über alle Zeiten und Räume hinweg. Schamanische Ahnenrituale können dabei helfen, diese alten Verletzungen zu heilen und damit so etwas wie einen Quantensprung in der Entwicklung fördern. Das Leben geht dann also nicht mehr seinen gewohnten Gang. Stattdessen kann mit dem nun entknoteten Schicksalsfaden ein neues Muster, ein neues Schicksal gewebt werden. Anders als das klassische Ahnenritual, welches sieben Generationen mit einbezieht, ist ein kleines Dankeschön-Ritual für die Ahnen unkompliziert und muss nicht einmal lange dauern.

Zünde wieder eine oder mehrere Kerzen an und setze dich an einen möglichst leergeräumten Tisch. Wenn du alte Fotoalben von deinen Großeltern oder Urgroßeltern besitzt, dann lege sie vor dir auf den Tisch, schau dir in Ruhe die Bilder an und warte darauf, dass mit der Zeit immer mehr Erinnerungen aufsteigen. Denk über das Leben deiner Eltern, deiner Großeltern und Urgroßeltern nach. Wie mag ihr Leben damals gewesen sein? Auch sie waren einmal jung und hatten ihre Träume und Ängste. Was weißt du darüber? Wenn du beginnst, eine innere Verbindung zu deinen Ahnen zu empfinden, hältst du beide Hände einige Zentimeter über die Fotoalben oder auch einfach vor dir in die Luft, falls du keine Bilder haben solltest, und segnest deine Ahnen. Danke ihnen in Gedanken dafür, dass sie gelebt haben, dafür, dass sie Kinder bekommen und stets ihr Bestes gegeben haben. Sage ihnen, dass alles gut ist und täglich besser wird und du ihre Arbeit, ihre Mühen zu schätzen weißt. Wohin du auch gehst, du bist stets ein Teil von ihnen, so wie sie ein Teil von dir sind. Erbitte auch du wiederum ihren Segen und spüre, wie sie dich in ihre Arme schließen und dir beim Loslassen ihre Liebe mitgeben, damit du ab jetzt deinen eigenen Weg gehen kannst.

#4 Kurzes Aufbau-Ritual

Oftmals kritisieren und verurteilen wir uns selbst, ohne es zu bemerken. Doch auch ohne, dass du es bewusst wahrnimmst, haben deine Gedanken einen Einfluss auf dein Selbstbewusstsein. Überwiegend negative Gedanken über dich selbst halten dich klein und machen dich überdies angreifbarer für destruktive, ungerechte Kritik anderer.

Mit einem schwächeren Selbstwertgefühl fühlst du dich womöglich oftmals als hilfloses Opfer, was auf der anderen Seite noch mehr Selbstvorwürfe auslöst: ein Teufelskreis, aus dem es jedoch ein Entrinnen gibt. Denn durch Reflexion und positives Feedback – auch durch dich selbst – kannst du dein Selbstwertgefühl wieder stärken und dich immer wieder neu aus der Opferrolle befreien.

Zu diesem Zweck kannst du dich – nicht nur am Abend der vierten Rauhnacht – vor eine brennende Kerze setzen und den Tag Revue passieren lassen. Lobe dich für alles, was du in deinen Augen gut gemacht hast. Gibt es etwas, was du deiner Meinung nach hättest besser oder anders machen sollen, dann sag dir, dass dies kein Beinbruch ist und es das nächste Mal besser funktioniert. Halte dir bewusst vor Augen, was du in diesem Jahr schon alles geschafft hast. Dann weißt du, dass du im nächsten Jahr wieder großartige Erfolge erzielen wirst.

#5 Den inneren Richter entlarven

Meist schleppen wir in unserem Inneren einen strengen Ankläger oder gar Richter mit uns herum, der uns den ganzen Tag unter die Nase reibt, was wir falsch machen. Konstruktive Selbstkritik ist zwar wichtig, um notwendige Änderungen und Verbesserungen herbeizuführen. Die ständigen Selbstanklagen sind jedoch alles andere als konstruktiv und nehmen dir jedes gesunde Selbstbewusstsein, so dass du schwierigen Situationen und Herausforderungen lieber aus dem Weg gehst, anstatt die Ärmel hochzukrempeln und daran zu wachsen. Nimm dir darum einmal täglich fünfzehn Minuten Zeit, in der du deine Gedanken bewusst beobachtest. Einfach nur beobachten und schauen, wie oft dein innerer Ankläger an dir herumkritisiert. Stell dir ruhig vor, du säßest auf der Anklagebank. Was könnte dein wohlmeinender Anwalt vorbringen, um dich zu verteidigen?

Überzeuge in diesem Gedanken-Ritual den strengen Richter davon, dass du es nicht verdient hast, auf der Anklagebank zu sitzen. Wann immer du etwas Zeit hast, kannst du dieses Gedanken-Experiment durchführen. Besonders wirksam ist es, wenn du es als allabendliches Ritual in deinem Inneren durchspielst und das befreiende Gefühl des Freispruchs mit in den Schlaf nimmst.

Selbstreflexion

Wo bist du zu streng mit dir selbst?

Wo liegen deine Stärken?

Welche Talente hast du von deiner Familie mitbekommen?

Wo liegen deine Schwächen?

Fällt es dir schwer, diese zu akzeptieren? Wenn ja, warum?

Hier kannst du weitere Gedanken aufschreiben:

Tipps, Impulse und Anregungen für das nächste Jahr

Vielleicht kannst du dich im kommenden Jahr einmal bewusst mehr auf deine Stärken als auf deine Schwächen konzentrieren. Es vermittelt dir ein wesentlich besseres Gefühl, wenn du dich für das lobst, was du gut gemacht hast, anstatt dich für das, was nicht so gut lief, zu kritisieren und unter Druck zu setzen. Zu viel Druck macht unfrei und behindert dich in deiner natürlichen Kreativität und Spontanität.

Wann immer du im kommenden Jahr bemerkst, dass du dich selbst unter Druck setzt, mach dich frei! Vertraue dir selbst und dem Fluss des Lebens. Wenn du schwimmen möchtest, geht das auch nur, wenn du Arme und Beine frei bewegen kannst.

Und solltest du feststellen, dass etwas nicht mehr so funktioniert wie bisher, scheue dich nicht, umzukehren und eine neue Richtung einzuschlagen. Wege entstehen schließlich erst dadurch, dass man sie geht. Hierzu zählt auch, sich selbst und die eigenen Gedanken immer wieder einmal mit etwas Abstand zu beobachten, anstatt ständig im Gedankenkarussell gefangen zu sein.

Vor allem die japanische Zen-Meditation eignet sich hierfür, denn sie lehrt dich das Beobachten und Geschehen lassen, ohne bewertend eingreifen zu müssen. Du wirst innerlich entspannter und flexibler, kannst besser mit Veränderungen umgehen und stellst fest, dass sich vieles von allein löst, wenn du es in Gedanken loslässt, anstatt es festzuhalten.

Kapitel 9

Fünfte Rauhnacht – 29. Dezember

Dich selbst annehmen

Die 5. Rauhnacht steht für den Monat Mai und will dich dazu ermutigen, dich selbst zu lieben und anzunehmen, wie du bist. Wie oft sehen wir nur das vermeintlich Negative an und in uns selbst. Und wie selten schenken wir uns selbst bedingungslose Liebe. Dabei ist es genau diese Liebe, die es erst ermöglicht, auch andere Menschen in ihrem Sosein anzunehmen und zu lieben. Wirf also einmal alle Vorstellungen, alle Ideal- und Wunschbilder über Bord und nimm dich so an, wie du hier und jetzt in Wirklichkeit bist. Deine Geschichte, dein Leben hat dich zu dem Menschen geformt, der du heute bist. Selbstliebe heißt also auch, deine Lebensgeschichte anzunehmen und nicht immer wieder neu mit der Vergangenheit zu hadern, wie schlimm sie vielleicht auch gewesen sein mag.

Ja zu dir selbst zu sagen, bedeutet, dass du auch Ja zu deiner Geschichte sagst, auch wenn du nicht alles gutheißen kannst, so musst du sie doch irgendwann, nachdem du sie aufgearbeitet hast, ruhenlassen. Nur dann kannst du ein neues Leben im Hier und Jetzt anfangen. Ein wesentlicher Aspekt dabei ist, dir selbst und anderen zu vergeben und nicht nur das Negative zu sehen, sondern auch all die schönen Dinge, für die du dankbar sein kannst. Wie oft vergessen wir das im Alltag. Daher ist es gut, dass dich die 5. Rauhnacht genau daran erinnert und dir auf dem Weg zur Selbstliebe und Selbstannahme ein wichtiger Meilenstein sein kann.

Rituale für die fünfte Rauhnacht

Astrologisch gesehen ist der Mai, wenn auch nicht ganz, dem Stier und damit der Venus gewidmet. Hier geht es um Sinnlichkeit, sinnliche Liebe und Genuss. In Bezug auf die Rauhnächte geht es hierbei um die Liebe zu dir selbst und darum, dich selbst zu genießen. Manche Menschen gehen sich selbst und dem Alleinsein aus dem Weg, indem sie vermehrt Kontakt mit anderen Menschen suchen und sich von den eigenen Bedürfnissen und Gedanken ablenken. Doch die Rauhnächte sind genau dafür da, einmal innezuhalten, es geht um Einkehr und darum, dass du einmal ganz mit dir und bei dir bist. Nutze also die fünfte Rauhnacht für die Entdeckung deiner liebenswerten Seiten. Wem hilft es, wenn du diese ständig aus falscher Bescheidenheit heraus vor dir und anderen unter den Teppich kehrst? Die folgenden fünf Rituale, die du auch im nächsten Mai und nicht nur in der fünften Rauhnacht zelebrieren kannst, können dir dabei helfen, anzuerkennen, was für ein wunderbarer Mensch du bist.

#1 Das Ho'oponopono-Vergebungs-Ritual

Ho'oponopono ist eine alte Tradition der hawaiianischen Ureinwohner, bei welcher es darum geht, dich wieder mit dir selbst auszusöhnen und damit wieder dein inneres Gleichgewicht herzustellen. Hierbei sollen vor allem belastende Gedankenmuster und negative Gefühle, die dich daran hindern, dich selbst zu lieben, aufgelöst werden. Dabei ist dieses Ritual eines der kürzesten und einfachsten Rituale, die es gibt und doch überaus wirkungsvoll.

Es besteht im Grunde aus vier Sätzen, die du zu dir selbst sagst, wann immer es dir angezeigt scheint. Wenn du die folgenden Sätze aus ganzem Herzen meinst und vielleicht deine linke Hand in deine rechte Hand legst oder dich selbst umarmst, wird dich die Liebe zu dir selbst wie eine warme Welle durchfluten und sämtliche negativen Gefühle dir selbst gegenüber wegspülen:

ES TUT MIR LEID

Mit diesem Satz zeigst du, dass du weißt, dass du nicht vollkommen bist und etwas getan oder unterlassen hast, was dir leidtut. Wie kannst du dir nach einem solchen, von Herzen kommenden Satz noch böse sein?!

BITTE VERZEIH MIR

Hiermit bittet dein kleines Ich dein Höheres Selbst – den höchsten und weisesten Aspekt in dir – um Verzeihung. Gleichzeitig bittest du auch das Universum und mit ihm andere Menschen und Lebewesen um Verzeihung. Kannst du das annehmen und dich in den Arm nehmen als Zeichen der Liebe und Vergebung?

ICH LIEBE DICH

Indem du diesen Satz zu dir selbst sagst, sagst du ihn gleichzeitig zum ganzen Universum und dieses sagt den Satz wiederum zu dir. Die Liebe zu dir selbst schlägt Wellen wie ein ins Wasser geworfener Stein und verbreitet sich durch Raum und Zeit.

DANKE

Wenn du dich von Liebe durchflutet fühlst und spürst, dass du geliebt wirst und dich selbst lieben kannst, ist es Zeit, Danke zu sagen und dich daran zu erfreuen, dass du in deiner Unvollkommenheit eben doch vollkommen und liebenswert bist.

#2 Die buddhistische Metta-Meditation

Eine Metta-Meditation beginnt ebenfalls bei dir selbst, indem du dir wohlwollende und liebevolle Worte sendest und diese dann in einem zweiten Schritt auch an andere Lebewesen, nicht nur Menschen, schickst.
Denn Liebe, die von dir ausgeht, kommt zuerst bei dir an, durchdringt dich und geht dann, wie das Licht einer Lampe, die ja ebenfalls in ihrem eigenen Licht steht, von dir aus in die dich umgebende Welt.
Die folgende buddhistische Metta-Meditation hilft dir dabei, dir selbst mehr Respekt und Liebe entgegenzubringen und dich und andere mit wohlwollender Güte zu betrachten.
Du kannst diese kleine Meditation im Sitzen, Liegen oder auch meditativen Gehen ausüben. Lege deine Hände auf dein Herz und sprich dabei die folgenden Sätze:

- Möge ich stets sicher sein und frei von jeglicher Gefahr durchs Leben gehen.
- Möge ich stets glücklich sein und mich geborgen fühlen.
- Mögen mein Körper, mein Geist und meine Seele stets gesund sein.
- Möge ich stets mit Leichtigkeit und Freude gesegnet sein.

- Möge ich mich in meinem Sosein stets lieben und annehmen können.

Fühle bei diesen Worten, wie die Liebe zu dir selbst dein Herz weitet und öffnet – für dich selbst und alle Lebewesen auf diesem Planeten. Nun sprichst du diese wohlwollenden Worte für jemanden, der zwar nicht anwesend ist, dir innerlich aber nahesteht. Du kannst dabei aber auch an alle Wesen – ob Mensch, Tier oder Pflanze – denken und deine Liebe in die ganze Welt senden:

- Mögest du stets sicher sein und frei von jeglicher Gefahr durchs Leben gehen.
- Mögest du stets glücklich sein und dich geborgen fühlen.
- Mögest du stets an Körper, Geist und Seele gesund sein.
- Mögest du stets mit Leichtigkeit und Freude gesegnet sein.
- Mögest du dich stets in deinem Sosein lieben und annehmen können.

Mit dieser Metta-Meditation wirst du eine tiefe Liebe dir selbst und anderen gegenüber empfinden und in deinem Herzen bewahren können.

#3 Kleines Dankbarkeits-Ritual

Gerade in schwierigen Zeiten neigen wir dazu, das Schöne in unserem Leben zu übersehen und geraten dadurch recht schnell in eine *Klagewelle* aus Negativität hinein. Ein kleines Dankbarkeits-Ritual, welches du sowohl in der fünften Rauhnacht als auch im kommenden Jahr regelmäßig ausführen kannst, bringt da ein wenig Licht in die dunklen Gedanken. Denn du erinnerst dich selbst wieder daran, wieviel Schönes es noch in deinem Leben gibt und dass auch du ein Licht für diese Welt bist.

Für dieses Dankbarkeits-Ritual kannst du dir ein kleines Dankbarkeits-Tagebuch besorgen. Schreibe, im nächsten Jahr am besten jeden Abend vor dem Schlafengehen, drei positive Dinge auf, die dir heute widerfahren sind. Danach schreibst du nochmals drei Dinge auf, die du vielleicht selbst getan hast, auf die du stolz bzw. für die du dankbar sein kannst.

Wenn es auch manchmal eine Weile dauern mag, weil uns viele positive Erlebnisse als selbstverständlich vorkommen und wir es nicht gewohnt sind, uns unsere guten Seiten vor Augen zu halten, werden dir mit Sicherheit stets mindestens jeweils drei Dinge einfallen, für die du Danke sagen kannst.

#4 Ein weiteres Dankbarkeits-Ritual

Manchmal unterschätzen wir, wie wichtig wir für andere Menschen sind, vergessen aber auch, welche Menschen in unserem Leben eine große Rolle spielen.

Dieses kleine Ritual lässt sich wunderbar mit dem ersten Dankbarkeits-Ritual verknüpfen. Du kannst es aber auch einfach für sich nehmen. Hierfür schreibst du, am besten ebenfalls jeden Abend, oder wann immer es dir helfen kann, fünf Menschen auf, die du in deinem Leben nicht mehr missen möchtest und sagst ihnen in Gedanken Danke dafür, dass sie da sind. Als nächsten Schritt schreibst du fünf Menschen auf, für die du besonders wichtig bist und bedankst dich in Gedanken bei ihnen, aber auch bei dir selbst dafür, dass du für sie da sein kannst, wann immer sie dich brauchen.

#5: Ein *Ich bin es mir wert*-Tag

Es gibt den Frauen-, den Kinder-, den Valentins-, den Mutter- und den Vatertag und viele, viele andere Tage, die einer bestimmten Personengruppe gewidmet sind. Doch wie wäre es einmal mit einem Verwöhn-Tag nur für dich, an dem du dir selbst ein Geschenk machst, welches du gleich am Morgen feierlich auspackst? Vielleicht kannst du dir für diesen Tag extra einen Kuchen backen oder kaufen, eine Kerze auf den Tisch stellen, deine Lieblingsmusik anmachen, später ein schönes Schaumbad nehmen, einen Mittagsschlaf halten und überhaupt einfach mal die Seele baumeln lassen...

Selbstreflexion

Was kannst du dir regelmäßig Gutes tun?

Was fehlt dir manchmal im Alltag?

Was ist dir in diesem Jahr Gutes widerfahren, für dass du Danke sagen möchtest?

Was würdest du heute anders machen, wenn du die Uhr zurückdrehen könntest?

Welche Ereignisse, Begegnungen und Begebenheiten ergeben für dich erst heute, also im Nachhinein, einen Sinn?

Hier kannst du weitere Gedanken aufschreiben:

Tipps, Impulse und Anregungen für das nächste Jahr

Im Mai verlässt uns der Winter mit den Eisheiligen und gibt die Bahn frei für neues Leben. Endlich dürfen viele wärmeliebenden Pflanzen nach draußen und auch wir freuen uns nach einem langen Winter auf die sonnigen Tage, die uns der Mai beschert. Der Wechsel der Jahreszeiten, die Natur mit ihren ganz eigenen Ritualen und der Kreislauf des Jahres ist etwas, wovon wir Menschen eigentlich abhängig sind, auch wenn wir es im Laufe der Industrialisierung vergessen haben. Doch diese Verbindung zur Natur und ihrem Rhythmus kannst du, selbst inmitten der Stadt, aufbauen und aufrechterhalten, indem du beispielsweise deine Ernährung saisonal und regional gestaltest, Kräuter auf der Fensterbank ziehst und auf deinem Balkon Salat und Tomaten anbaust. Wenn du aufmerksam beobachtest, wie es um dich herum immer mehr grünt und deine Pflanzen täglich einen Wachstumsschub hinlegen, wirst du in dir eine neue Art der Dankbarkeit und Ehrfurcht entdecken, die dich letzten Endes, als Teil der dich umgebenden Natur, miteinschließt.

Vielleicht kannst du im kommenden Jahr öfter hinaus in die Natur gehen, Wald- und Wiesenspaziergänge oder Wanderungen unternehmen und es genießen, dich selbst und den Boden unter deinen Füßen zu spüren. Nimm dir also immer wieder einmal Zeit für dich selbst und spüre, wie sich jede Zelle deines Körpers freut, ein Teil von dir und am Leben zu sein.

Kapitel 10

Sechste Rauhnacht – 30. Dezember

Dir und anderen vergeben

Wir alle treffen unser ganzes Leben lang täglich kleine und große Entscheidungen, deren Folgen und Bedeutung wir meist erst viel später erkennen können. Ähnlich ist es mit Gefühlsausbrüchen, Dingen, die wir sagen oder auch nicht sagen und doch lieber gesagt hätten. Niemand von uns ist vollkommen und kann von sich behaupten, noch nie einen anderen Menschen in irgendeiner Weise verletzt zu haben. Jetzt, in der sechsten Rauhnacht, die für den Monat Juni steht, ist es Zeit, sich gedanklich einmal mit den Beziehungen zu anderen Menschen zu beschäftigen. War dieses Jahr für dich ein erfolgreiches Jahr in Bezug auf zwischenmenschliche Beziehungen oder gibt es da einiges, was du noch gern geraderücken und klären möchtest? Nun ist der richtige Zeitpunkt gekommen, dein Herz von diesem Ballast zu befreien und dich in Vergebung zu üben.

Rituale für die sechste Rauhnacht

Die folgenden fünf Rituale können dir dabei helfen, anderen, die dich vielleicht enttäuscht oder verletzt haben, zu vergeben. Sie können dir aber ebenso dabei helfen, selbst um Verzeihung zu bitten, damit du den Übergang in das nächste Jahr mit einem guten Gefühl beginnen kannst. In beiden Fällen ist es jedoch wichtig, dass auch du dir selbst vergeben kannst und so mehr Verständnis für die Unvollkommenheit anderer entwickelst. Denn Vergebung fängt, genau wie Liebe, immer bei dir selbst an und zieht dann immer größer werdende Kreise, bis sie schließlich die ganze Welt umfasst.

#1 Das Feuer-Vergebungs-Ritual

Das Ho'oponopono-Vergebungs-Ritual kennst du nun ja schon. Es gibt aber auch andere Rituale, die die Elemente Feuer, Erde, Wasser und Luft mit einbeziehen, um dir das Vergeben zu erleichtern.

Für das Feuer-Vergebungs-Ritual nimmst du dir wieder Zeit und schreibst auf einen Zettel in aller Ruhe die Personen auf, die dich enttäuscht oder irgendwie verletzt haben.

Auf einen zweiten Zettel schreibst du die Personen auf, von denen du glaubst, dass du sie verletzt oder enttäuscht hast.

Auf einen dritten Zettel schreibst du all die Dinge auf, die du in diesem Jahr getan oder nicht getan hast und die dir ein schlechtes Gewissen bereiten. Vielleicht kannst du manches davon im nächsten Jahr oder gar in diesem Jahr noch wiedergutmachen. Anderes ist nicht mehr zu ändern, wie sehr du dich dagegen auch wehrst und dich selbst anklagst.

Diese drei Zettel liest du dir anschließend nochmals mit Andacht durch und sagst zu jeder einzelnen, auf deinem Zettel stehenden Person: Ich vergebe dir, auch zu dir selbst. Dann verbrennst du alle drei Zettel über einer Räucherschale, in einem feuerfesten Topf über dem Waschbecken oder gar in der Grillschale oder einem Winterfeuer. Stell dir dabei vor, dass mit dem aufsteigenden Rauch deine Gefühle und Gedanken der Vergebung das ganze Universum durchziehen und sich der Groll in deinem Herzen buchstäblich in Rauch auflöst.

#2 Das Erd-Vergebungs-Ritual

Für sämtliche Rituale dieser Art ist es aus ökologischen Gründen sinnvoll, wenn du mit Bleistift anstatt mit Füller schreibst und möglichst naturbelassenes, ungebleichtes Papier verwendest. Das gilt auch für das Erd-Vergebungs-Ritual.

Wie auch beim Feuer-Vergebungs-Ritual schreibst du auf einem Zettel die Namen der Personen auf, die dich in diesem Jahr verletzt oder enttäuscht haben.

Auf einen zweiten Zettel schreibst du erneut die Personen auf, die du möglicherweise verletzt haben könntest und auf einen dritten Zettel kommen all die Dinge, für die du ein schlechtes Gewissen mit dir herumträgst. Auch hierbei liest du dir alles noch einmal aufmerksam durch und sagst zu jeder Person, einschließlich dir selbst, dass du ihr vergibst. Falte die Zettel jetzt möglichst klein zusammen.

Dann gräbst du draußen an einer günstigen Stelle ein Loch und vergräbst die Zettel dort. Sollte der Boden gefroren sein, legst du die Zettel auf den Boden und gibst etwas Sand, Kompost oder Erde darauf. Eine andere Möglichkeit ist es, die zerkleinerten Zettel auf den Boden eines Pflanzkübels zu legen und dann Pflanzerde darüber zu geben.

Im Frühjahr kannst du in diesem Kübel dann Blumen oder Tomaten pflanzen. Meist hat sich das Papier bis dahin sogar schon zersetzt, genauso wie dein Groll auf dich selbst oder die auf dem Zettel stehenden Personen.

#3 Das Wasser-Vergebungs-Ritual

Diesmal schreibst du die Personen und Dinge, die der Vergebung bedürfen, nicht auf, hast sie aber im Gedächtnis, so gut es geht. Das Wasser-Vergebungs-Ritual funktioniert nur an einem fließenden Gewässer, also an einem Bach oder Fluss.

Stell dir vor, du trägst allen Groll, den du gegen andere Menschen hegst in der linken Hand. Dein eigenes schlechtes Gewissen und all die Dingen, die dir selbst leidtun, befinden sich in deiner rechten Hand. Such dir eine schöne Stelle an einem Bach oder Fluss, schüttele nun beide Hände mindestens drei Minuten lang in Richtung Wasser aus und sage in Gedanken oder laut: Ich vergebe euch und mir! Stell dir dabei vor, wie der ganze Ärger, alle negative Energie und dein schlechtes Gewissen buchstäblich den Bach hinuntergehen bzw. fortgespült und von der Kraft des fließenden Wassers gereinigt und in positive Energie umgewandelt werden. Das gleiche Ritual funktioniert auch, wenn du, vielleicht im Juni nächsten Jahres, ohne Schirm im Regen stehst. Auch dieser kann deinen Ärger fortspülen und dir dabei helfen, dir und anderen zu vergeben und neu anzufangen.

#4 Das Luft-Vergebungs-Ritual

Hierbei ist es ebenfalls nicht nötig, die Personen und Dinge aufzuschreiben, denen du, ebenso wie dir selbst, vergeben möchtest. Du kannst dieses Ritual im Garten, in der Natur, aber auch am offenen Fenster oder auf dem Balkon durchführen. Halte hierfür deine Hände, mit den Handflächen nach oben, wie eine Schale nebeneinander. Nun denke an Personen, denen du gern vergeben möchtest, sowie an Dinge, für die du Vergebung erbittest und lege diese in deiner Vorstellung in deine geöffneten Hände hinein.

Sage nun in Gedanken oder laut: Ich vergebe euch und mir! Nun pustest du, solange du kannst, in deine Hände, als wolltest du Blumensamen in die Luft pusten. Stell dir dabei vor, wie alles Negative sich in Luft auflöst, in positive Energie umgewandelt wird und diese positiven Samen im kommenden Jahr Wurzeln schlagen und daraus Gutes und Heilsames für dich und andere heranwächst.

#5 Das Atem-Ritual der Vergebung

Über den Atem bist du mit allem und jedem auf der Erde verbunden. Daher sind Atemübungen und Meditationen nicht nur auf physischer, sondern auch auf spiritueller Ebene wirksam.

Für das Atem-Ritual der Vergebung legst du dich entweder auf eine Matte oder dein Bett oder setzt dich auf den Boden oder einen Stuhl. Lege deine Hände locker auf deinen Unterbauch und lasse deinen Atem einfach fließen. Atme dabei mit der Nase ein und mit dem leicht geöffneten Mund aus. Stell dir beim Einatmen vor, wie dieser als klares Licht durch deine Nase in deinen Körper gelangt und dich dort von allen Unreinheiten, allem Ärger und schlechten Gefühlen deinen Mitmenschen und dir selbst gegenüber befreit. Mit dem Ausatmen verlassen diese negativen Gefühle deinen Körper und damit auch deine Seele.

Wenn du das Gefühl hast, vergeben zu können, sage bei jedem Ausatmen in Gedanken: Ich vergebe allen, die mich verletzt haben und ich vergebe auch mir alles, was ich wissentlich oder unwissentlich getan habe, wenn es anderen geschadet haben sollte. Nun stell dir vor, dass der klare, lichte Atem in dir zirkuliert und du rein und frei von belastenden Gefühlen oder Gedanken bist. Nach einer Weile kannst du dich bei deinem Atem bedanken und wieder ins Hier und Jetzt zurückkehren. Dieses kleine Atem-Ritual der Vergebung kannst du jederzeit wiederholen, wenn du spürst, dass alter Ärger in dir hochsteigt. Mit der Zeit wirst du merken, dass du dich freier und klarer fühlst, deinen Mitmenschen und dir viel leichter vergeben kannst und es dir damit wesentlich besser geht, als wenn du deinen Groll immer weiter mit dir herumträgst.

Selbstreflexion

In welchen Momenten steigt in dir alter Ärger über eine andere Person hoch?

____

____

____

In welchen Momenten leidest du unter einem schlechten Gewissen?

____

____

____

Was hast du davon, wenn du anderen nicht vergibst?

____

____

____

Was hast du davon, wenn du dir selbst nicht vergibst?

____

Wie fühlst du dich, wenn du anderen und dir selbst Vergebung schenkst?

Hier kannst du weitere Gedanken aufschreiben:

Tipps, Impulse und Anregungen für das nächste Jahr

Dass wir von anderen verletzt oder enttäuscht werden, ist eigentlich normal und nicht immer zu verhindern. Und umgekehrt wird sich auch eine andere Person ab und zu einmal von dir verletzt fühlen, selbst dann, wenn du in deinen Augen nicht einmal etwas dazu beigetragen hast. Denn das, was du aussendest, ist nicht immer das, was beim anderen ankommt, da wir Menschen die Welt durch unsere individuellen Wahrnehmungsfilter wahrnehmen und interpretieren. Kein Wunder also, dass es im zwischenmenschlichen Bereich oftmals zu so vielen Missverständnissen kommt.

Ob du nun das Gefühl hast, etwas falsch gemacht zu haben oder einer anderen Person gegenüber Groll hegst: Beides lässt sich nicht verdrängen. Den anderen kannst du um Vergebung bitten. Was er aber daraus macht, liegt nicht in deiner Hand. Was in deiner Hand liegt, ist: dir selbst und dem anderen zu verzeihen, unabhängig davon, wie der andere Mensch damit umgeht. Manchmal muss man andere Menschen auch loslassen und es aushalten können, dass es zu keiner Versöhnung kommt. Vergebung und Versöhnung können Hand in Hand gehen, müssen es aber nicht. Die Kunst des Vergebens liegt darin, dir selbst und dem anderen auch dann vergeben zu können, wenn es zu keiner Versöhnung kommt.

Und manchmal geschieht es wie durch ein Wunder, dass, wenn du dir selbst verzeihst, auch der andere plötzlich sein Herz öffnet und wieder neu auf dich zukommt.

Kapitel 11

Siebte Rauhnacht – 31. Dezember

Deine eigenen Gefühle wahrnehmen

In der Nacht zum 31. Dezember ist das Wahrnehmen der eigenen Gefühle das anstehende Thema. Diese Rauhnacht, die für den Monat Juli des nächsten Jahres steht, soll dir helfen, Klarheit in dein Gefühlsleben zu bringen. Während des hektischen Alltags ist es meist so, dass wir kaum Zeit haben, uns näher mit unseren Gefühlen zu beschäftigen. So manches wird dauerhaft unterdrückt und brodelt in unserem Inneren wie das Feuer in einem Vulkan.

Das kann bis hin zur Selbstentfremdung führen und raubt uns jede Menge Energie, denn Gefühle sind meist der Ansporn, der uns motiviert, der Energieschub, der uns Kraft verleiht, damit wir unsere Ziele klarer definieren, verfolgen und erreichen können.

Wenn du dir über deine wahren Gefühle klar wirst, kannst du auch viel bewusster deine Entscheidungen treffen. Wenn du wichtige Entscheidungen dagegen aufgrund unbewusster Gefühle und Beweggründe triffst, reagierst du wie ein Blatt, welches der Wind mal hierhin und mal dorthin weht. Klarheit in den Gefühlen ist also wichtig, damit du einerseits auf deine Gefühle Rücksicht nehmen und dich selbst besser verstehen kannst, dich aber andererseits nicht von ihnen abhalten lässt, deine Ziele zu erreichen.

Daher eignet sich die siebte Rauhnacht auch hervorragend dafür, um ungeklärte Dinge zu regeln und anschließend die Wohnung zu räuchern, um auch die letzten, noch vorhandenen unguten Energien zu beseitigen.

Rituale für die siebte Rauhnacht

Sich über die eigenen Gefühle und Beweggründe klar zu werden, erfordert Ehrlichkeit sich selbst gegenüber. Es hat etwas von einer Beichte an sich, vor allem, wenn auch Gefühle wie Neid, Wut oder Eifersucht ans Tageslicht des Bewusstseins kommen wollen. Diese Gefühle werden von unserem inneren Richter meist verteufelt und wir entwickeln ein schlechtes Gewissen, wenn wir spüren, dass wir neidisch, wütend oder eifersüchtig sind. Selbst unserer Liebe schämen wir uns manchmal, so verrückt das auch klingen mag.

Doch diese Gefühle sind da, ob du dich ihrer schämst oder nicht, ob du sie verdrängst oder nicht. Wenn du sie aber deutlich wahrnehmen und ihren Ursprung verstehen kannst, müssen sie nicht mehr dein ganzes Denken und Handeln bestimmen. Ein schlechtes Gewissen musst du aber ohnehin nicht haben, denn solche Gefühle haben nicht nur eine Daseinsberechtigung, sondern meist auch eine Ursache, die es zu ergründen gilt. Und im Grunde haben solche Gefühle sogar einen Sinn und wenn du das erst einmal verstanden hast, kannst du viel entspannter mit deinen Gefühlen umgehen und auch mehr Verständnis für die Gefühle deiner Mitmenschen aufbringen. Die folgenden fünf Rituale können dir dabei helfen, mehr Klarheit in deine Gefühlswelt zu bringen.

#1 Das Gefühls-Puzzle

Das Besondere an einem Puzzle ist, dass das eigentliche Bild erst im Laufe der Zeit klar und deutlich zum Vorschein tritt. Anfangs sind es nur einzelne Teile, die erst durch das passende Aneinanderfügen einen zusammenhängenden Sinn ergeben. Auch unser Gefühlsleben gleicht manchmal einem

Puzzle, so dass wir den roten Faden, das große Ganze, nicht erkennen und ein regelrechtes Gefühlschaos sich breitmacht. Um dir Klarheit über deine Gefühle zu schaffen, kann ein kleines Puzzle helfen. Es ist kein richtiges Puzzle im herkömmlichen Sinn, du benötigst dafür lediglich mehrere Zettel und einen Stift.

- Schreibe nun den Namen eines jeden Menschen, der in deinem Leben eine größere Rolle spielt (und sei es nur in deinen Gedanken) auf jeweils einen kleinen Zettel.
- Auf einen Zettel schreibst du *ICH.* Dieser kommt nun in die Mitte des Tisches und die anderen Zettel mit den Namen mit etwas Abstand um dein *ICH* herum. Wer dir im Leben gefühlsmäßig näher steht, kommt auch hier mehr ins Zentrum. Wer dir nicht so nahe steht, kommt auch hier mehr Richtung Peripherie.
- Nun schreibst du alle Gefühle auf, die du bei dir im Laufe der Zeit beobachtet hast – je auf ein Zettelchen. Es können auch mehrere Zettel mit dem gleichen Gefühl sein, denn nun ordnest du die Zettel den Namen auf deinem Puzzle zu. Bist du auf Ina oft wütend? Dann kommt ein Zettel mit dem Begriff *Wut* zwischen dir und Ina. Vielleicht liebst du sie trotzdem, weil sie eigentlich deine beste Freundin ist? Dann darf neben dem *Wutzettel* auch die *Liebe* ihren Platz finden. Merkst du, dass Gefühle auch widersprüchlich sein dürfen? Wut schließt Liebe nicht aus, es kann sie manchmal verdecken oder auch neben ihr bestehen bleiben...
- Vervollständige dein Gefühls-Puzzle, was eine Weile dauern wird, denn neben Wut und Liebe und deiner besten Freundin gibt es bestimmt noch jede Menge andere Zettel zu beschriften und an einen passenden Platz zu legen.

Wenn du fertig bist, schau dir dein Puzzle erst einmal in aller Ruhe an. Fällt dir irgendetwas daran auf? Du kannst auch gern eine Strichliste anfertigen, um festzustellen, welche deiner Gefühle hier am häufigsten vorkommen und welche eher eine Ausnahme darstellen. Es ist ebenso interessant, zu wissen, ob es in dem Puzzle bezüglich der Menge der Zettel mit bestimmten Gefühlen einen Unterschied zwischen dem Zentrum des Puzzles und dem Rand gibt. Gibt es da auch auf Gefühlsebene einen Unterschied?

Wenn du dein Puzzle nicht mehr benötigst, kannst du es abfotografieren, bevor du es wegräumst. Hebe die Zettel ruhig auf. Vielleicht magst du das Puzzle im Juli erneut legen und dann mit dem Bild der 7. Rauhnacht vergleichen und schauen, was sich da inzwischen verändert hat…

#2 Das Hauptgefühl ergründen

Auch für dieses, nicht ganz so aufwendige Ritual benötigst du etwas Schreibpapier und einen Stift. Setz dich bei schöner Musik und Kerzenschein entspannt an deinen Tisch und denke einmal an das fast vergangene Jahr zurück:

Welches Gefühl hat sich hier wie ein roter Faden durch das ganze Jahr gezogen? Die Angst, vor dem, was kommt? Die Freude auf das, was vor dir liegt? Der Ärger mit deinen Mitmenschen? Traurigkeit?

Geh einen Moment in dich und bleibe bei dem vorherrschenden Gefühl… Gefühle sind zum Fühlen da, keine Frage. Versuche aber bitte trotzdem, das Gefühl zu benennen, einen Begriff dafür zu finden und schreibe diesen auf.

War dieses Gefühl auch schon in deiner Kindheit vorherrschend oder kannst du einen besonderen Auslöser für dieses immer wiederkehrende *Grundgefühl* ausmachen?
Wenn du spürst, dass es nun genug ist, dann beende dieses kleine Ritual und bedanke dich bei deinem Unterbewusstsein dafür, dass es dir einen kleinen Einblick in die Tiefen deiner Innenwelt gewährt hat. Nach dieser kleinen Reise in die Vergangenheit kannst du noch einmal ein letztes Bad in diesem Jahr nehmen, um Altes abwaschen und loslassen zu können.

#3 Achtsamkeits-Meditation für mehr Klarheit

Gefühle sind wie die Hintergrundmusik im Film: Wenn du sie auch nicht ständig bewusst wahrnimmst, beeinflussen sie doch deine Wahrnehmung der Welt um dich herum.
In dem Moment, wo du das Gefühl wahrnimmst, denkst du nicht: Ich habe jetzt dieses Gefühl. Du fühlst es nur. Sobald du zu denken anfängst, entfernst du dich bereits einen Schritt von dem ursprünglichen Gefühl. Zu fühlen und gleichzeitig das Fühlen zu beobachten (ohne ins Denken zu verfallen), ist Teil vieler Zen-Achtsamkeits-Meditationen und setzt einiges an Übung voraus. Es lohnt sich aber, denn so kommst du dir selbst und deinen Gefühlen auf die Spur, ohne sie leugnen oder verdrängen zu müssen. Vor allem für die bewusste Wahrnehmung des Gefühls, welches dich – wie die Hintergrundmusik den Film – meist ständig begleitet und unbemerkt beeinflusst, ist Meditieren im Sinne von vorurteilsfreiem Beobachten deines inneren Wesens äußerst hilfreich. Anfangs wirst du dieses *Nicht-Denken* für unmöglich halten. Denn je mehr du versuchst, nicht zu denken, desto mehr fällt dir auf, dass du eigentlich fast ständig denkst. Lass die Gedanken einfach ziehen, lass sie kommen und gehen, ohne an einem der Gedanken hängenzubleiben oder dich von ihm fortziehen zu

lassen. Es geht nicht darum, nicht zu denken, sondern in der Position des vorurteilsfreien Beobachters zu bleiben. Gefühle, Gedanken, körperlicher Missempfindungen, einfach beobachten. Durch dieses vorurteilsfreie Beobachten schaffst du Klarheit, auch in deinen Gefühlen. Du lernst, dass du durchaus Gedanken und Gefühle haben kannst, aber nicht unbedingt auf sie reagieren musst. Und du lernst, die Dinge, auch dich und deine Gefühle, mit einem gewissen Abstand zu betrachten und gewinnst an Klarheit und Besonnenheit im Alltag.

#4 Das Negativ-Positiv-Ritual

Tatsächlich sehen wir die Welt nicht so, wie sie ist, sondern nur durch die Filter unserer Wahrnehmung, die wiederum durch unsere Erfahrungen in der Vergangenheit und die daraus abgeleiteten Glaubenssätze und Interpretationen abhängig ist. Was du vielleicht als dramatisch ansiehst, ist für deine Tochter daher womöglich nur ärgerlich. Der eine sieht überall Katastrophen, der andere sieht überall Chancen und ein Taschendieb sieht überall nur Taschen, wie es so schön heißt. Eine objektive Sicht auf die Welt ist für unser polar arbeitendes Bewusstsein und Unterbewusstsein kaum möglich. Aber du kannst deine Sicht der Wahrnehmung erweitern, einmal durch Meditation, wie oben erklärt. Aber auch das folgende Gedankenspiel kann dir dabei helfen, das Leben, dich selbst und deine Gefühle nicht mehr so einseitig zu beurteilen.
Zudem hat das Aufkommen sämtlicher Gefühle nicht nur eine Ursache, sondern auch einen tieferen Sinn, dem du mit ein paar Überlegungen auf die Spur kommen kannst. Auch für dieses Ritual benötigst du neben einem Stift ein Extra-Heft oder einen Schreibblock.

Schreibe während der 12 Rauhnächte, gern aber auch darüber hinaus, jeden Tag alle Gefühle und wiederkehrenden Gedanken auf, die dir auffallen. Wenn du dich so oft wie möglich beobachtest, werden dir diese auch immer öfter und unmittelbarer bewusst.

Als Nächstes schreibst du zu jedem Gefühl und Gedanken dazu, ob du diese als eher positiv oder negativ oder sowohl positiv als auch negativ bewertest.

Für sämtliche Gefühle oder Gedanken, die du bisher nur einseitig als schlecht angesehen hast, überlegst du dir, was für einen Nutzen sie eigentlich haben könnten und warum Menschen überhaupt dieses Gefühl oder solch einen Gedanken entwickeln.

Angst kann dich beispielsweise vor Gefahr warnen und macht dich, mittels Hormonausschüttung, zu Kampf oder Flucht bereit.

Dann überlege dir, in welchen Situationen dieses Gefühl oder der jeweilige Gedanke sinnvoll sein können und wann nicht.
Eifersucht, Kontrollsucht, Verlustängste, sie alle dienten uns ursprünglich einmal zum Überleben in unserem Stamm. Wenn wir auch heute weder feindliche Stammeskriege noch ständige Gefahr durch frei herumlaufende Raubtiere befürchten müssen, sind doch diese Gefühle, aber auch so manche Gedanken ständig bereit, uns vor vermeintlichen Gefahren zu beschützen.

Positive Gedanken sind nicht immer nur gut, nämlich dann nicht, wenn sie dazu dienen, Ängste und andere Gefühle oder tatsächliche Gefahren nicht wahrhaben zu wollen und stattdessen zu verdrängen.

Daher ist auch hier ein kleines Brainstorming hilfreich, um die versteckten Schattenseiten aufzudecken. Nach jedem Mal, wenn du auf deiner Positiv-Negativ-Liste für Ausgleich gesorgt und Sinn und Zweck deiner Gefühle und Gedanken notiert hast, bedankst du dich bei dem jeweiligen Gefühl und Gedanken. Mit der Zeit wird sich deine Wahrnehmung dadurch tatsächlich erweitern, du wirst dich selbst, aber auch andere Menschen besser verstehen, anstatt zu bewerten oder gar zu verurteilen.

#5 Die innere Seelenlandschaft

Kein Mensch ist jeden Tag gut drauf, man könnte auch sagen, kein Mensch ist jeden Tag derselbe Mensch. Auch du besitzt unterschiedliche Seelenanteile, die zwar alle zu dir gehören und zusammen deine Persönlichkeit ausmachen, ohne dass du deshalb als Person zerfallen müsstest, wie es bei einigen psychischen Krankheiten der Fall ist. In der Regel weißt du also heute noch, ob du dich gestern irgendwo danebenbenommen hast, kannst heute trotzdem gut drauf sein und weißt, dass beides du selbst bist.

Da ist einmal der Seelenanteil, der gute Miene zum bösen Spiel macht, einmal die ewig schlecht gelaunte Diva, die ihren Frust an anderen auslässt, dann der innere Ankläger und/oder Richter, der dir täglich erzählt, was du alles falsch machst, dann wiederum der Optimist, der hofft, dass sich alles wieder klären wird, der ehrgeizige Antreiber, der dich nie zur Ruhe kommen lässt, das innere Kind, welches sich unsicher und hilflos fühlt und einen starken Partner sucht und viele Teilpersönlichkeiten mehr.

Immer, wenn du eine solche Teilpersönlichkeit oder innere Rolle bei dir bemerkst, gib ihr einen Namen und schreib auf, mit welchen Augen du in dieser Rolle dich selbst und deine Welt betrachtest. Mit der Zeit wirst du merken, dass auch du selbst, je nach Tagesverfassung, dich und deine Welt ganz unterschiedlich betrachtest und behandelst. Achte darauf, welche dieser Teilpersönlichkeiten am häufigsten auf dem Thron sitzt und welche innere Stimme dagegen oftmals ungehört bleibt. Auch zu jedem Einzelnen deiner inneren Seelenlandschaft kannst du Danke sagen und sie als Aspekte deiner Persönlichkeit anerkennen.

Selbstreflexion

In welche Rolle schlüpfst du unbewusst am häufigsten?

Welche Gefühle nimmst du an dir am häufigsten wahr?

Inwiefern können dich deine Gefühle behindern oder dir beim Erreichen deiner Ziele behilflich sein?

Welche dieser Teilpersönlichkeiten ist dir am unsympathischsten?

____

____

____

Mit welcher dieser Teilpersönlichkeiten oder Rollen identifizierst du dich am liebsten?

____

____

____

Hier kannst du weitere Gedanken aufschreiben:

____

____

____

____

____

____

Tipps, Impulse und Anregungen für das nächste Jahr

Auch für das kommende Jahr kannst du es dir zur Aufgabe machen, mehr Klarheit in deine Gefühle, deine Gedanken und in dein Leben zu bringen. Die Konzentration auf den jeweiligen Augenblick, aber auch mehr Struktur im Alltag verhindern, dass du den Wald vor lauter Bäumen nicht mehr siehst und sind hilfreich, wenn es darum geht, die anvisierten Ziele Schritt für Schritt zu erreichen. Es ist auch empfehlenswert, sich den einen, langen Weg zum Ziel in kleinere Etappen einzuteilen. Denn dann bleibst du motiviert und siehst nicht nur dein Ziel in weiter Ferne, sondern auch den Weg, den du bereits hinter dir hast mit all den kleinen Zwischenzielen, die du schon erreicht hast. Ein etwas minimalistischerer Lebensstil kann ebenfalls für mehr Klarheit sorgen, da unser unmittelbares Umfeld unser Mindset beeinflusst und auf der anderen Seite auch wie ein Spiegel unserer inneren Seelenlandschaft das widerspiegelt, was gerade in uns vorgeht. Je mehr Ordnung du in deiner Wohnung hast, desto übersichtlicher ist auch dein Leben, was wiederum mehr Klarheit in deinem Inneren zur Folge hat.

Doch unabhängig von den Tipps und Anregungen, die du hier in diesem Buch findest: Frage dich immer wieder, was dir wirklich guttut. Denn es ist dein Leben, um das es hier geht. Wenn es nicht das eine Ritual ist, welches dir zusagt, dann vielleicht ein anderes. Oder vielleicht magst du dir auch selbst ein ganz eigenes Ritual ausdenken und dich von den hier genannten lediglich motivieren und inspirieren lassen. Alles ist richtig, solange du dich damit wohlfühlst.

Kapitel 12

Achte Rauhnacht – 1. Januar
Entscheidungen fürs neue Jahr treffen

Während die siebte Rauhnacht in deinem Inneren für mehr Klarheit sorgt, damit du überhaupt erst wieder Ziele und Wünsche erkennen und formulieren kannst, geht es in der achten Rauhnacht zum 1. Januar darum, diese Ziele wirklich zu setzen, mit der festen Absicht, sie auch zu erreichen. Dazu gehört, die dargebotenen Chancen zu erkennen, die entsprechenden Türen zu öffnen und dich von möglichen Widrigkeiten und Herausforderungen nicht beeinträchtigen zu lassen. In den vorausgegangenen Rauhnächten hast du herausgefunden, was dir wichtig ist und was du loslassen möchtest. Du bist zur Ruhe gekommen, hast deine vorherrschenden Gefühle kennengelernt, in deinem Inneren für mehr Ordnung und Klarheit gesorgt. Nun ist es Zeit, nach vorne zu schauen, Ziele möglichst genau zu definieren und den Weg für deine Ziele zu ebnen. Und vielleicht kannst du schon jetzt die ersten Veränderungen in dir wahrnehmen, welche die Rauhnächte bis jetzt schon in dir bewirkt haben.

Rituale für die achte Rauhnacht

Die Nacht zum ersten Januar steht für den Monat August und ist eine ganz besondere Nacht. Denn sie stellt zwar, wie auch die anderen Rauhnächte, einen Übergang von einer Zeit in die andere dar. Doch in dieser achten Rauhnacht ist der Zeitraum komprimiert, zusammengefasst und verdichtet. Es ist wie ein einziger Schnitt, der das alte Jahr vom neuen Jahr trennt. Gleichzeitig verbindet diese Nacht aber auch dieses Jahr mit dem nun kommenden Jahr.

In dieser einzigartigen Nacht bist du sowohl im alten als auch im neuen Jahr zu Hause. Doch während das eine Jahr ab 0 Uhr hinter dir liegt, liegt das dann neu anbrechende Jahr mit seinen vielen Chancen noch vor dir und möchte mit Leben gefüllt werden. Es ist Zeit, dich für manche Ziele zu entscheiden und andere Vorhaben wiederum erst einmal auf einen späteren Zeitpunkt zu verschieben. Daneben ist es Zeit, deine wahren Ziele konkret in Worte zu fassen, niederzuschreiben und mit ganzem Herzen *JA* zu ihnen zu sagen. Die folgenden fünf Rituale können dir dabei helfen, herauszufinden, welche Ziele und Vorhaben du im kommenden Jahr tatsächlich angehen und verwirklichen möchtest.

#1 Ritual zur Entscheidungsfindung

Mit der achten Nacht kommt es zur Schnittstelle zwischen altem und neuem Jahr. Es gibt kein Zurück, sondern nur noch einen Blick nach vorne. Jede Entscheidung, die du triffst, ist ebenso eine solche Schnittstelle. Wenn du *Ja* zu einer neuen Arbeitsstelle sagst, entscheidest du dich gegen die alte oder eine andere Stelle. Sobald du dich für einen Weg entscheidest, entscheidest du dich gleichzeitig gegen mögliche andere

Wege. In der achten Rauhnacht geht es um Entscheidungsfindung und Zielsetzung. Doch nicht immer fällt es uns leicht, Entscheidungen zu treffen und uns für konkrete Ziele und Wege zu entscheiden. Womöglich hat dein Unterbewusstsein jedoch schon längst seine Entscheidungen getroffen und nur der Verstand möchte noch ein Wörtchen mitreden. Manchmal sind es auch Ängste, die uns davon abhalten, eine klare Entscheidung zu treffen: Angst vor vermeintlichen Fehlentscheidungen, vor möglichen Konsequenzen, Angst davor, nicht mehr umkehren zu können und anstatt vor geöffneten Türen und Chancen vor verschlossenen Türen zu stehen. Doch auch die Entscheidung, dich nicht zu entscheiden, ist eine Entscheidung und hat Konsequenzen.

Wenn du daran glaubst, dass dein Unterbewusstsein jedoch bereits die für dich beste Entscheidung getroffen hat und du wissen möchtest, um welche es sich dabei handelt, dann schreibe einmal alle dir möglichen Entscheidungen für und gegen etwas auf, jede mögliche Entscheidung auf einen Zettel, ob dies nun lediglich zwei oder zehn sind. Nimm dafür am besten einen Bleistift, damit du das Geschriebene nicht lesen kannst, wenn du die Zettel umdrehst. Schau dir noch einmal in Ruhe an, was für Möglichkeiten du da alles aufgeschrieben hast.

Nun drehe die Zettel also alle mit der Schrift nach unten auf den Tisch, mische sie ordentlich durcheinander und frage: Welche Möglichkeit, welche Entscheidung ist für mich zu diesem Zeitpunkt die Beste?

Dann nimmst du, ohne zu zögern, einen der Zettel hoch und drehst ihn um. Sei mutig und vertraue deinem Unterbewusstsein, welches dich ausgerechnet diesen Zettel hat nehmen lassen.

#2 Ritual zur Zielfindung

Auch bei der Zielfindung kann dir ein Ritual helfen. Denn nicht immer haben wir ein klares Ziel vor Augen. Manchmal haben wir mehrere Vorstellungen, die einander eventuell sogar ausschließen oder nur nacheinander verwirklicht werden können. Auch hier ist also eine klare Entscheidung gefragt. Es gibt einen schönen Spruch: *Träume nicht dein Leben, aber lebe deinen Traum!* Träume und Ziele gehören jedoch auch irgendwie zusammen, weshalb der Spruch ebenso folgendermaßen heißen könnte: *Träume erst dein Leben und dann lebe deinen Traum!* Wenn du weißt, welche Träume, Wünsche und Visionen du für das nun kommende Jahr hast, dann ist dies schon die beste Voraussetzung für deine Zielfindung.

Schreibe deine dir wichtigsten Träume und Wünsche für das nun beginnende Jahr auf, gern auch auf verschiedene Zettel wie beim vorherigen Ritual. Dann schau dir deine aufgeschriebenen Träume an. Welche davon möchtest du zeitnah verwirklichen? Hast du dich für einen Traum, für eine bestimmte Idee entschieden, dann formuliere hierfür ganz konkret ein Ziel. Denn ohne Ziel wird dein Traum ein Traum bleiben. Auch hierfür gibt es einen passenden Spruch: *Wer kein Ziel hat, wird auch nirgendwo ankommen.* In diesem Spruch steckt viel Wahrheit, denn erst ein Ziel offenbart einen Weg dorthin und erst, wenn du einen Weg vor dir hast, kannst du deinem Ziel entgegengehen und mit jedem einzelnen Schritt näherkommen. Hast du erst das Ziel formuliert, dann mache daraus eine Art Affirmation, damit du es jeden Tag in deinem Herzen trägst und es niemals aus den Augen verlierst.

#3 Das Ziel der Ziele in kleine Etappen einteilen

Falls dir der Weg zu deinem großen Ziel doch als sehr schwer, weit und fast unerreichbar erscheint und du befürchtest, dass aus deinem Ziel wieder ein Traum wird, den du niemals verwirklichen wirst, dann gibt es einen einfachen Weg, dich eines Besseren zu belehren: Schreibe alle Bedingungen, mögliche Hindernisse, Herausforderungen und Zwischenziele der Reihe nach auf. Teile dir den langen Weg zum Ziel in mehrere, kleinere Wegstrecken und diese notfalls noch einmal in kleinere Etappen auf. Wenn auch die achte Rauhnacht für den Monat August steht, so hast du noch das ganze Jahr vor dir, um dein Ziel zu erreichen. Im August kannst du die halbe Wegstrecke bereits erreicht haben. Notiere dir also für jeden Monat, was du tun und welche Schritte du gehen musst, um dein Zwischenziel zu erreichen. Solltest du jedoch ein Ziel haben, welches du nicht in Zwischenschritte einteilen kannst, beispielsweise mit dem Rauchen aufzuhören, dann notiere dir einen konkreten Zeitpunkt, an welchem du dieses Vorhaben in die Tat umsetzt.

#4 Drei konkrete Veränderungen für das kommende Jahr vornehmen

Damit du im neuen Jahr auch etwas bewegst und in deinem Leben positiv veränderst, solltest du dir schon mindestens drei konkrete Veränderungen vornehmen.

Konkret heißt das: Ich mache ab dann und dann jeden Tag eine halbe Stunde Sport und nicht: Ich möchte mehr Sport machen.

Anstatt: Ich möchte mich gesünder und mehr pflanzlich ernähren, kannst du sagen: Ab jetzt mache ich jeden Mittwoch einen Veggie-Tag mit drei unterschiedlichen Gemüse- und Obstsorten.

Anstatt: Ich möchte weniger fernsehen, kannst du dir vornehmen, jeden Tag nur eine Sendung zu sehen.

Und das Wichtigste: Schreibe die geplanten Veränderungen auf, denn schon während des Schreibens sinkt dein Vorhaben ins Unterbewusstsein, welches bei der Umsetzung und Durchhaltung der Pläne eine große Rolle spielt.

#5 Acht Gründe, weshalb du deine Ziele dieses Jahr erreichen wirst

Meist ist es umgekehrt und wir suchen unbewusst nach Gründen, warum wir etwas nicht schaffen sollten. Doch in der achten Rauhnacht solltest du dich einmal mit deinen positiven Eigenschaften beschäftigen und daher acht Gründe oder Argumente schriftlich festhalten, die dir aufzeigen, warum du in diesem Jahr deine Träume realisieren und deine Ziele erreichen wirst. Welche herausragenden Eigenschaften hast du, die dich dazu befähigen, auf der Sonnenseite und Erfolgsleiter des Lebens zu stehen, ohne dass deine Work-Life-Balance darunter leidet?

Auch diese acht Gründe solltest du nach Möglichkeit schriftlich festhalten, damit deine positiven Eigenschaften dir einmal so richtig bewusst und von dir gewürdigt werden.

Selbstreflexion

Was möchtest du bis zum Ende des nun begonnenen Jahres erreicht haben?

___

___

___

Was kannst du dir einmal täglich, einmal in der Woche und einmal im Monat Gutes tun?

___

___

___

In welchen Bereichen deines Lebens möchtest du am meisten verändern?

___

___

___

Was ist das Ziel deiner Ziele, dein wichtigstes Ziel für das neue Jahr?

Was kannst du tun, welche Türen öffnen, um dieses Ziel zu erreichen?

Hier kannst du weitere Gedanken aufschreiben:

Tipps, Impulse und Anregungen für das nächste Jahr

Es ist nicht immer leicht, alte Gewohnheiten, unbewusste Denk- und Glaubensmuster und Überzeugungen hinter sich zu lassen und neu anzufangen. Manchmal müssen wir zurückschauen, um Geschehenes zu analysieren, innere Knoten zu lösen und uns besser verstehen zu können. Doch dann heißt es: Blick nach vorne richten, Anker einholen und ab auf hohe See mit deinem Lebensschiff! Die weite See ist unendlich groß und es gibt zahlreiche Häfen, die du ansteuern könntest. Wo ist dein Heimathafen? Und wo möchtest du hin, welchen Hafen möchtest du im neuen Jahr ansteuern, welches neue Abenteuer erleben?

Erst, wenn du dir darüber im Klaren bist, kann die Fahrt so richtig losgehen. Manchmal hilft es, einmal täglich kurz zu schauen, ob du dich auch noch auf dem richtigen Weg befindest oder kurzzeitig zu weit vom Weg und Ziel abgewichen bist. Dann kannst du erneut eine Kurskorrektur vornehmen und dein Ziel wieder richtig ansteuern. Auch ein monatlicher Rückblick kann dir dabei helfen, den eingeschlagenen Kurs im Großen und Ganzen beizubehalten. Setz dich dabei jedoch niemals unter Druck, denn immerhin soll die große Fahrt vor allem Freude bereiten und daher heißt es auch:

Der Weg ist das Ziel!

Kapitel 13

Neunte Rauhnacht – 2. Januar
Achtsam für das Hier und Jetzt sein

Die neunte Rauhnacht steht für den Monat September. Während die ersten Frühlings- und Sommermonate eher im Zeichen der aufgehenden Sonne, der Aktivität und Yang-Energie stehen, kommt mit dem September wieder so langsam etwas Ruhe in die Natur. Da auch du ein Teil der Natur bist, kannst du diese Zeit nutzen, um den Stress der letzten Monate abzubauen und dich in Geduld zu üben.

Genau darum geht es auch in der neunten Rauhnacht. Anstatt nun weiter powervoll nach vorne zu streben, heißt es, im Hier und Jetzt anzukommen und auch einmal die Früchte deines Fleißes zu genießen. Nutze daher diese Rauhnacht, um weder zu sehr zurück noch zu sehr nach vorne zu schauen, sondern, um dich ganz dem Augenblick hinzugeben und damit in dem winzigen Moment der Mitte zwischen Vergangenheit und Zukunft zu verweilen. Denn das wirkliche Leben findet nur in genau diesem Moment und dort statt, wo du gerade bist.

Fünf Rituale für die neunte Rauhnacht

Alles hat seine Zeit, auch das Tun und das Sein. Die meiste Zeit unseres Lebens widmen wir dem Tun und dem Denken, was ja letzten Endes auch eine Form des Tuns ist. In der neunten Rauhnacht ist es Zeit, sich einmal bewusst dem Nicht-Tun und stattdessen dem Sein zu widmen. Das ist gar nicht so leicht, wie es sich anhört. Denn wir sind es gewohnt, ständig mit etwas beschäftigt zu sein und sind daher stets auf der Flucht vor der Gegenwart, dem einzigen Moment, in welchem das Leben tatsächlich stattfindet. Die folgenden fünf Rituale können dir dabei helfen, wieder in der Gegenwart, im Hier und Jetzt, anzukommen, damit du das Leben mit all seinen Facetten und jeder Zelle deines Körpers genießen kannst.

#1 (K)eine kinderleichte Achtsamkeits-Meditation

Wenn du glaubst, es sei kinderleicht, bis zehn zu zählen und gleichzeitig auf deinen Atem zu achten, dann kann die folgende Meditation für eine Überraschung sorgen.

Setz dich bequem auf einen Stuhl und lege die Hände auf deine Oberschenkel. Atme einige Male entspannt aus, bis du innerlich bei dir angekommen bist. Nun zähle beim ersten Einatmen Eins, atme dann entspannt aus, zähle beim nächsten Atemzug in Gedanken Zwei, atme wieder aus, zähle beim nächsten Einatmen Drei usw. Wenn du bis Zehn gekommen bist, zählst du langsam wieder rückwärts: Nach der Zehn zählst du beim Einatmen in Gedanken Neun, beim nächsten Einatmen Acht usw. – bis du wieder bei Eins angekommen bist.

Es ist gar nicht so leicht, sich nicht von den eigenen Gedanken ablenken zu lassen. Denn unser Geist ist es gewohnt, dass er ständig hin und her springt, um die Ecken denkt und uns aus dem Hier und Jetzt herauskatapultiert. Diese Übung verhilft dir zu mehr Geduld, trainiert deine Konzentrationsfähigkeit und zeigt dir, dass Zeit wirklich relativ ist. Denn du wirst mit der Zeit merken, dass eine Sekunde viel länger sein kann als du dachtest und das Wichtigste: Du wirst merken, dass genau in diesem Moment – Hier und Jetzt – in diesem winzigen Zeitraum zwischen Vergangenheit und Zukunft die immerwährende, endlose Ewigkeit wohnt.

#2 Meditations-Übung für Fortgeschrittene

Während sich dein Geist beim Zählen wenigstens noch an den Zahlen festhalten kann, ist die folgende, gegenstandlose Achtsamkeitsübung schon eine größere Herausforderung. Hierbei geht es darum, dass du dich selbst unmittelbar wahrnimmst und jegliche Art von Denken sowie irgendwelche Vorstellungen fallenlässt. Dadurch kommst du langsam zur Ruhe, so wie das Meer nach einem heftigen Sturm. Die Gedankenwellen werden immer langsamer, bis dein Geist erkannt hat, dass es nichts gibt, woran er sich festhalten könnte und in diesem Moment auch keine Notwendigkeit zum Denken besteht.

Setz dich für diese Meditation wieder bequem hin und schließe deine Augen. Atme einige Male in aller Ruhe ein und aus und schau, ob du deine Gedanken *hören*, also innerlich wahrnehmen kannst. Werde zum reinen Beobachter deiner Gedanken und lasse diese einfach weiterziehen wie die Wolken am Himmel. Wenn du feststellst, dass dich deine Gedanken mitgerissen haben und du aus dem Hier und Jetzt, aus dem Gewahr werden der unmittelbaren Gegenwart herausgerissen wurdest, kehre wieder zurück und beobachte erneut deine Gedanken, aber auch deine Gefühle, deine körperlichen Empfindungen... Einfach nur beobachten. Du kannst in der Zeit des Meditierens ein Räucherstäbchen brennen lassen. Wenn dieses heruntergebrannt ist, kannst du die Meditation beenden. Durch diese Meditation wirst du feststellen: Du bist nicht deine Gedanken. Sie sind nur eine Erscheinungsform, müssen aber keinen Einfluss auf dich haben. Dies bringt einen entscheidenden Vorteil für dich, denn diese gegenstandslose Meditation, in welcher du die Rolle des Beobachters einnimmst, fördert deine Resilienz und macht dich gegenüber Krisen und geistig-seelischen Herausforderungen wesentlich widerstandskräftiger. Du wirst gelassener und behältst auch in Ausnahmesituationen einen kühlen Kopf. Zudem förderst du damit wieder die Verbindung zu deinen Gefühlen und lernst, die Dinge, aber auch Menschen so wahrzunehmen, wie sie sind, anstatt durch Projektionen und Interpretationen ein verzerrtes Weltbild zu konstruieren. Wenn du dadurch gelernt hast, dich in der Gegenwart zu entspannen, kannst du auch der Zukunft getrost entgegensehen, denn eigentlich gibt es nichts außer der Gegenwart – dem Hier und Jetzt.

#3 Glocken-Meditation

Den meisten Menschen fällt es eher schwer, im Augenblick zu bleiben und sich nicht in Gedanken über die Vergangenheit oder Zukunft zu verlieren. Manchmal spinnen wir uns im Geiste auch eine Geschichte zurecht, um der Gegenwart zu entkommen. In besonders traumatischen Situationen ist dies ein lebensnotwendiger Schutzreflex, um sich von einer unerträglichen Situation bzw. Gegenwart zu distanzieren, genauso wie ein unbewusstes Schlüpfen in die Rolle eines reinen Beobachters, der von den traumatischen Geschehnissen nicht betroffen ist.

Für Menschen, die ein schlimmes Trauma erlebt haben, ist es besonders schwer, wieder in die Gegenwart zu finden und auch in vermeintlichen Krisensituationen nicht wieder in eine andere Welt zu fliehen. Doch auch für Menschen mit einem Leben ohne große traumatische Einbrüche ist es nicht immer leicht, im Hier und Jetzt zu bleiben. Ein unerwartetes Ereignis, und sei es auch nur der laute Gong einer Glocke oder eines Meditation-Gongs, kann uns jedoch dabei helfen, aus unserem unbewussten Gedankenkarussell herauszutreten und wieder in der Gegenwart anzukommen. Für diese Meditation ist etwas Vorarbeit nötig. Vielleicht kannst du den Gong einer Glocke mit dem Handy aufnehmen oder herunterladen und so einstellen, dass der Gong, möglichst laut, in einem Abstand von etwa ein bis zwei Minuten ertönt. In Zen-Klöstern oder Meditationskursen gibt es hierfür meist eine Person, die mit einem Schlegel gegen einen Gong schlägt, was ebenfalls dazu führt, dass wir wieder im Hier und Jetzt ankommen. Auch diese Meditation kannst du bis zum Herunterbrennen eines Räucherstäbchens durchführen. Doch im Alltag kannst du die Aufnahme ebenso immer wieder einmal abspielen, um erneut unmittelbar in der Gegenwart anzukommen.

#4 Entspannende Herz-Meditation

Nichts lebt so sehr in der Gegenwart wie dein Körper. In jedem Moment passieren innerhalb deines Körpers unendlich viele Prozesse, damit du in und durch diesen Körper leben kannst. So bietet dir einerseits der Atem eine wunderbare Möglichkeit, dich zu entspannen und mit dem Augenblick zu verbinden. Und andererseits kann auch der Herzschlag bzw. dein Herz dich in der Meditation immer wieder in die Gegenwart zurückführen.

Für die folgende Übung kannst du dich bequem auf einen Stuhl setzen, die Hände auf die Oberschenkel legen und durch ruhiges Ein- und Ausatmen in die Entspannung kommen. Atme dabei durch die Nase ein und durch den Mund aus. Fühle dabei in deinen Brustkorb hinein, spüre, wie sich dieser mit jedem Atemzug hebt und wieder senkt und wandere nun mit deiner Aufmerksamkeit zu deinem Herzen. Kannst du das Pulsieren, die einzelnen Schläge spüren?

Lege nun deine rechte Hand auf dein Herz und versuche, deinen Herzschlag durch die Hand wahrzunehmen. Sage bei jedem Schlag: Jetzt. Und wieder: Jetzt.

Du kannst dir dabei vorstellen, dass du in ein zartes, rosafarbenes Licht eingehüllt bist, welches mit jedem Herzschlag aus deinem Herzen hervorgeht und dich ganz und gar mit liebe- und kraftvoller Energie durchdringt und umhüllt. Diese Meditation kannst du so lange durchführen, bis du das Gefühl hast, dass der Zeitpunkt zum Aufhören gekommen ist. Dann bedanke dich noch einmal bei deinem Herzen, schüttle deine Beine und Arme aus und beende die Meditation, die, je öfter du sie wiederholst, zu mehr Entspannung und Gelöstheit auf körperlicher sowie geistig-seelischer Ebene beiträgt.

#5 Entspannende Selbst-Massage

Massagen sind ebenfalls eine Möglichkeit, das Angenehme mit dem Nützlichen zu verbinden, dich auf die Gegenwart zu konzentrieren und deine Entspannung auf ganzheitlichem Wege zu fördern.

Setz dich für dieses kleine Ritual wieder auf einen Stuhl. Du kannst die Massage aber auch gern im Stehen ausführen. Reibe nun deine Handflächen etwa eine Minute lang so schnell aneinander, wie du kannst. Anschließend streichelst du mit beiden Händen deine Wangen und gehst mit den Händen dann weiter zum Hals und rundherum, bis du mit beiden Händen den Hals umfasst und die Fingerspitzen beider Hände sich im Nacken berühren. Wiederhole dies dreimal.

Nun reibst du deine Handflächen erneut etwa eine Minute lang aneinander und massierst anschließend mit bzw. zwischen Daumen und Zeigefinger deine Ohrläppchen. Wiederhole auch diese Übung dreimal.

Reibe nun erneut deine Handflächen aneinander und lege sie anschließen auf dein Gesicht, so dass sie die Augen und Wangen bedecken. Genieße die Wärme und Energie deiner Hände und beende diese kleine Selbstmassage, wenn du das Gefühl hast, dass deine Hände wieder die gleiche Temperatur wie dein Gesicht aufweisen.

Selbstreflexion

In welchen Situationen bist du innerlich angespannt?

Wo kannst du diese Anspannung auch körperlich spüren?

Welches sind deine typischen Bewältigungsmechanismen, wenn du gestresst bist?

Was hilft dir im Alltag am besten, um dich zu entspannen?

Befindest du dich deiner Meinung nach in einem gesunden Gleichgewicht zwischen Anspannung und Entspannung?

Hier kannst du weitere Gedanken aufschreiben:

Tipps, Impulse und Anregungen für das nächste Jahr

Auch während des gesamten Jahres, nicht nur für die neunte Rauhnacht also, können Meditationen und Entspannungstechniken dir helfen, mehr anzukommen und den Moment bewusst wahrzunehmen und zu genießen. Du musst nicht ständig vor der Gegenwart fliehen oder dich auf die Zukunft vorbereiten, sondern darfst im Hier und Jetzt ankommen.

Verschaffe dir am besten regelmäßig zeitliche und räumliche Ruheinseln, um dich zurückziehen zu können. Lass eine Füße und deine Seele baumeln, geh immer wieder einmal auf einen Spielplatz zum Schaukeln und genieß dabei das angenehm kribbelnde Gefühl im Bauch. Sorge für ein gesundes Gleichgewicht zwischen An- und Entspannung, für kleine Momente des Nichtstuns und gib dich regelmäßig dem Augenblick hin, um wieder neue Kraft und Energie zu tanken.

Kapitel 14

Zehnte Rauhnacht – 3. Januar

Deine Zeit sinnvoll nutzen

Die zehnten Rauhnacht steht für den Monat Oktober, der gern als Erntemonat bezeichnet wird. In dieser Rauhnacht kannst du die Zeit nutzen, um dich selbst ein wenig zu inspirieren und zu motivieren, aber auch, um dich an dem zu erfreuen, was gerade ist. Nicht umsonst wird auch das Erntedankfest im Oktober gefeiert. Zudem gilt der Oktober als der Monat der Waage, es geht also um die innere und äußere Harmonie, um die Aussöhnung mit dem Augenblick, aber ebenso mit deinem Leben und den Menschen, die in deinem Leben eine Rolle spielen, dich inspirieren und dir als Vorbild dienen. Du kannst also auch die zehnten Rauhnacht dafür nutzen, dir selbst näher zu kommen und den Alltagsstress hinter dir zu lassen, indem du ganz im Hier und Jetzt aufgehst und den Augenblick genießt.

Rituale für die zehnte Rauhnacht

Der Ausgleich zwischen dem, was war und dem was sein wird, kann immer nur zwischen Vergangenheit und Zukunft stattfinden, in der Gegenwart also. Nutze daher jeden Moment, um für Ausgleich und Harmonie zu sorgen. Wie bei der Waage, dem Sinnbild der für Gerechtigkeit sorgenden Göttin Justitia, sollte auf jeder Waagschale gleich viel Gewicht liegen. Justitia wird oftmals mit Augenbinde dargestellt, was bedeutet, dass sie ihr Urteil *ohne Ansehen der Perso*n fällen sollte. Doch wie oft lassen wir uns von Äußerlichkeiten, Namen und Titeln anderer Menschen beeindrucken und beeinflussen. Siehst du mehr die Unterschiede oder Gemeinsamkeiten zwischen Menschen? Haben Menschen unabhängig von ihrem Status einen Platz in deinem Leben? Schau einmal, ob du, wie Justitia, in Gedanken, Worten und Taten für Gerechtigkeit und Harmonie sorgen kannst. Sinnvoller kannst du die zehnte Rauhnacht kaum nutzen, wobei dir die folgenden fünf Rituale vielleicht helfen können.

#1 Das Entdecken wichtiger Schlüsselqualitäten

Oftmals projizieren wir die Eigenschaften, die wir bei uns selbst bislang nicht entdeckt oder weiterentwickelt haben, auf andere Menschen. Das gilt im Guten wie im Bösen. Handelt es sich dabei um von dir gewünschte, bewundernswerte Eigenschaften, erkennst du dann an anderen Menschen, wie in einem Spiegel, was dir selbst scheinbar fehlt. Dabei fehlen dir diese Qualitäten keineswegs: Du hast sie nur noch nicht in dir entdeckt! Schreibe daher einmal drei Menschen auf, die du persönlich kennst und die du für irgendeine ihrer positiven Eigenschaften bewunderst. Schreibe hinter die Namen ebenfalls, wofür du diese Menschen bewunderst.

Um auch hier für einen Ausgleich zu sorgen, schreibst du anschließend ebenfalls drei Personen auf, die du für etwas bewunderst, aber nicht persönlich kennst. Notiere auch hinter deren Namen die Haupteigenschaft, aufgrund derer die jeweilige Person deine Bewunderung auf sich gezogen hat.

Nun schreibe alle sechs Eigenschaften oder Qualitäten auf und schau sie dir an: Gibt es da Parallelen oder Ähnlichkeiten zwischen diesen Eigenschaften? Und warum meinst du, dass du diese Schlüsselqualitäten selbst nicht auch besäßest?

Überlege dir, wo und wie du genau diese Qualitäten entwickeln und dann für deine Ziele einsetzen kannst. Denn es wird Zeit, auch dir selbst einmal auf die Schulter zu klopfen und deine Projektionen zurückzunehmen.

#2 Weitere Schattenthemen finden

Auch unsere Lieblingsfilme- und Filmarten sind ideale Projektionsflächen für unerlöste oder unbewusste Schattenthemen, anhand derer du ebenfalls einiges über dich selbst erkennen kannst.

Schreibe drei deiner absoluten Lieblingsfilme auf und notiere dahinter jeweils, was dich daran so fasziniert.

Schreibe anschließend drei deiner favorisierten Filmarten auf, also beispielsweise Liebesfilme, Dramen, Katastrophenfilme oder Ähnliches, und notiere auch hier jeweils, warum dich diese Art von Film so anspricht.

Überlege nun bei jeder einzelnen Antwort, wo hier die Parallelen zu deinem Leben zu finden sind. Ist es etwas, von dem du glaubst, dass es dir fehlt und/oder etwas, von dem du denkst, dass es typisch für dein bisheriges Leben ist?

Menschen, die aufgrund einer traumatischen Vergangenheit das Gefühl haben, ihr Leben sei eine einzige Katastrophe und unbewusst nur darauf warten, dass wieder etwas Schreckliches geschieht, schauen oftmals Katastrophenfilme an, da diese dieses Lebensgefühl bestätigen. Sie sehen aber häufig auch gern Komödien, die für einen emotionalen Ausgleich sorgen.

Schreibe zum Ausgleich drei Filme und drei Filmarten auf, die dich entweder gar nicht berühren oder die du sogar regelrecht ablehnst. Schau dir deine Antworten möglichst wertfrei an und ziehe deine eigenen Schlüsse daraus. Es geht nicht darum, dich in irgendeiner Form zu beurteilen, sondern darum, dass du dich und deine Beweggründe besser verstehen lernst.

#3 Was Farben dir verraten

Deine Lieblingsfarben sagen ebenfalls eine Menge über dich und deine Gefühle aus. Schreibe daher drei Farben auf, die du bevorzugst, ob in deiner Inneneinrichtung oder bei der Kleiderauswahl. Notiere dahinter, was du mit den jeweiligen Farben verbindest.

Lass dir dafür ruhig einen Moment lang Zeit. Denn nicht immer stimmt das, was eine bestimmte Farbe für uns persönlich bedeutet, mit der allgemeinen Bedeutung überein. Nicht jeder verbindet die Farbe Rot mit Aggression. Eine Einrichtung im traditionell chinesischen Stil mit roten Laternenlampen oder Schränken zeigt also keinesfalls unbedingt versteckte oder unterdrückte Aggressionen, sondern eher die Faszination für asiatische Lebensphilosophien usw. Doch auch dies sagt eine Menge über die betreffende Person aus. Es geht also um die Bedeutung, die die Farben für dich ganz persönlich haben. Orange, als eine Mischung aus Rot und Gelb kann Wärme, Lebensfreude und das Gefühl der inneren Ruhe vermitteln, oder auch einfach eine angenehme Erinnerung in dir auslösen.

Schreibe nun auch drei Farben auf, die in deinem Leben so gut wie gar nicht vorkommen. Gern dürfen es auch Farben sein, die du aus einem bestimmten Grund ablehnst. Notiere auch hier jeweils dahinter den Grund für deinen ablehnenden Gefühle, also das, was du mit der jeweiligen Farbe assoziierst.

Dann lehne dich zurück und schau, ob sich deine Gefühle und deine Sicht, wie sie heute ist, tatsächlich in diesen Antworten widerspiegeln oder ob sich zwischenzeitlich etwas geändert hat und du heute dein Leben, deine Garderobe und deine vier Wände bunter und farbenreicher oder auch einfarbiger gestalten würdest als bisher.

#4 Was deine Lieblingsgewürze über dich verraten

In deiner bevorzugten Gewürzwahl spiegeln sich ebenfalls deine vorherrschenden Gefühle wider. Menschen, die gern und oft nachsalzen, haben oftmals ein Gefühl des Mangels. Es ist nie genug Salz, daher noch eine Prise und noch eine Prise... Auch die Tränenflüssigkeit enthält Salz und hier kannst du schon den Zusammenhang zum Nachsalzen erkennen. Wer seine Gefühle und seine Tränen nicht herauslassen mag oder kann, muss sie in sich konservieren und Salz wird zum Konservieren benötigt.

Da wird etwas festgehalten, eingeschlossen, etwas längst Vergangenes für alle Zeiten konserviert. Daher sind Menschen, die häufig nachsalzen, auch oftmals nachtragend, leben und lieben mehr in der Vergangenheit als im Heute. Die Lösung wäre, loszulassen und zu weinen, aber genau dies ist nicht möglich, weshalb immer häufiger zum Salzstreuer anstatt zum Taschentuch gegriffen wird. In der Homöopathie gibt es ein wunderbares Mittel für Menschen, die ihre Gefühle in sich einschließen, weder lachen noch weinen können und doch todunglücklich sind: Natrium chloratum bzw. homöopathisch aufbereitetes, potenziertes Kochsalz!

Auch das übermäßige Verlangen nach Süßem zeigt einen versteckten Mangel: Es ist der Mangel an Liebe und Erfüllung, meist an Selbstliebe und einem selbsterfüllten Lebensstil. Statt Erfüllung dann Fülle und statt süßer Liebe bzw. Selbstliebe die von außen kommende Süße in Form von kulinarischen Genüssen, die genau wie ein Kuss den Mund als Eingang in den liebeshungrigen Menschen benötigen. Immerhin geht auch die Liebe bekanntlich durch den Magen.

Wenn du dagegen auf Schärfe stehst, die mit der Liebe zum Süßen oft Hand in Hand geht, dann kann es sein, dass du einen inneren Schmerz (Liebesschmerz) damit betäuben möchtest. Denn Schärfe erzeugt körperliche Schmerzen, auch wenn wir dies so nicht wahrnehmen. Das Resultat scharfen Essens ist die Ausschüttung körpereigener Endorphine, die als Schmerzstiller und Glücklichmacher fungieren.

Schreibe daher nun zwei Geschmacksrichtungen auf, die dir am liebsten sind und notiere dahinter den möglichen Zusammenhang mit deinen vorherrschenden Gefühlen. Anschließend schreibe zwei Geschmacksrichtungen auf, die du so gar nicht magst. Was sagt dies über deine Innenwelt aus?

Du kannst auch deine Lieblingsgewürze aufschreiben, anhand derer du dann deine bevorzugte Geschmacksrichtung erkennen kannst.

Nun überlege einmal, inwiefern deine kulinarischen Gewohnheiten oder Gelüste Parallelen zu deinen Gefühlen und/oder Schattenthemen aufweisen und wo du, vielleicht sogar unbewusst, beim Essen für Ausgleich sorgst.

#5 Dein Ist-Zustand als Voraussetzung für das Erreichen deines Lebensziels

Unabhängig davon, ob du die ersten vier Rituale durchgeführt hast oder nicht, kann auch die folgende Übung für mehr Klarheit bezüglich deiner Qualitäten und Eigenschaften sorgen.

Schreibe dein großes Lebensziel oder deine Lebensaufgabe auf und notiere, welche Eigenschaften oder Qualitäten du dafür aufweisen musst, um dein Ziel zu erreichen oder deine Lebensaufgabe erfüllen zu können.

Bist du gut ausgestattet, um dein Ziel zu erreichen? Überlege dir, was du tun kannst, um die notwendigen Eigenschaften in dir wecken oder weiter entwickeln zu können. Ehrgeiz, Zielstrebigkeit, Selbstvertrauen, Selbstbewusstsein, Fachwissen und lösungsorientiertes Denken sind solche Eigenschaften, die die meisten erfolgreichen Menschen besitzen und fördern, um ihre Ziele zu erreichen. Und vergiss nicht, bei allem Erfolgsstreben, auch für ausgleichende Auszeiten zu sorgen.

Selbstreflexion

Welche sogenannte Schlüsselqualität hältst du für dich persönlich am wichtigsten?

____

____

____

Mit welcher Film- oder Märchenfigur kannst du dich am ehesten identifizieren?

____

____

____

Welche Farbe symbolisiert am besten das, was dir momentan am meisten fehlt?

____

____

____

Welche Geschmacksrichtung nimmst du am seltensten zu dir (süß, sauer, bitter, scharf, salzig oder umami)

Welche Eigenschaft oder Qualität möchtest du in diesem neuen Jahr stärken?

Hier kannst du weitere Gedanken aufschreiben:

Tipps, Impulse und Anregungen für das nächste Jahr

So wie ein Regenbogen verschiedene Farben enthält, ohne die er kein Regenbogen wäre, so gehört auch zu jedem Menschen eine gewisse Vielseitigkeit. Dabei ist dies kein unveränderlicher Zustand, sondern eher ein dynamischer Prozess, da du dich ständig veränderst und dich den Verhältnissen und Bedingungen auf dem Weg zu deinem Ziel anpassen musst. Was du nicht musst, ist perfekt sein. Du kannst, um dein Ziel leichter erreichen zu können, dir vornehmen, täglich eine halbe Stunde früher aufzustehen.

Du kannst dir Tages- und Wochenaufgaben stellen. Dies alles sind große Hilfen auf dem Weg zu deinem Ziel, welches auch immer das sein mag. Aber du solltest nicht am Leben vorbei gehen und nur noch für dieses eine Ziel leben, denn sonst kannst du den Weg dorthin nicht genießen. Und dieser Weg besteht nicht nur aus vielen Schritten, sondern auch aus vielen kleinen Momenten, Tagen und Wochen. Du kannst nur auf zwei Beinen laufen. Mit einem Bein allein erreichst du dein Ziel niemals. Während dein rechtes Bein für das Vorwärtsstreben steht, soll dich dein linkes Bein daher an das Sitzen und das Hier und Jetzt erinnern. Auch dies sorgt für mehr ausgleichende Harmonie und Balance in deinem Leben.

Kapitel 15

Elfte Rauhnacht – 4. Januar
Deine Zukunft selbst in die Hand nehmen

Die elfte Rauhnacht steht für den Monat November und damit ganz im Zeichen des Skorpions mit seinem *Stirb und werde*. So wie die Rauhnächte selbst einen Übergang vom alten Jahr zum neuen Jahr präsentieren, steht auch der Skorpion für die dunkle Zeit zwischen Tod und neuem Leben. Hier findet sich ebenfalls eine symbolische Verwandtschaft zur Schlange, die ihre alte, zu eng gewordene Haut abstreift, unter welcher die glatte, neue Haut zum Vorschein kommt. Es gilt, den Tod, die dunkle Zeit, die Unterwelt hinter sich zu lassen und – wie Phoenix aus der Asche – neu aufzuerstehen und sein Leben wieder in die eigene Hand zu nehmen. In der elften Rauhnacht kannst du also wieder wie neu geboren nach vorne schauen und dein Drehbuch für dieses neue Jahr schreiben.

Du hast Altes erfolgreich hinter dir gelassen, wichtige Umwandlungsprozesse wie das Abstreifen der alten Haut durchgestanden, hast wie ein mausernder Vogel so manche Feder lassen müssen und bist nun bereit, dein Leben neu zu gestalten – mit neuem Mut, neuen Ideen, Kraft und Zuversicht.

Rituale für die elfte Rauhnacht

Auch für die elfte Rauhnacht bieten sich verschiedene Rituale an, um dir darüber klar zu werden, was du für dich möchtest und wie du deine Vorhaben erfolgreich umsetzen kannst. Die folgenden fünf Rituale können dir dabei helfen, deine Zukunft bewusst zu gestalten und auch in schweren Zeiten an dich zu glauben und niemals aufzugeben.

#1 Deine persönliche Zukunfts-Collage

Es hat schon etwas Meditatives, wenn man Mandalas ausmalt oder puzzelt. Doch auch das Zusammenstellen einer Collage bringt innere Ruhe und so manche Inspiration mit sich. Für die elfte Rauhnacht bietet es sich an, eine Zukunfts-Collage anzufertigen. Dafür kannst du schon einige Wochen vorher beginnen, unterschiedliche Zeitschriften aufzuheben. In der elften Rauhnacht schaust du dir die Bilder in den Zeitschriften in aller Ruhe an und vergleichst sie mit deinen Zielen, Wünschen und Träumen, speziell für das nun vor dir liegende Jahr oder auch für deine Zukunft im Allgemeinen. Die Bilder, die Parallelen zu deinen Zukunftswünschen und Zielen aufweisen, schneidest du aus und klebst sie auf ein weißes Plakat aus dickerem Papier, welches du in einem Geschäft für Bastel- oder Schulbedarf kaufen kannst. Vielleicht magst du in die Mitte des Bildes ein Foto von dir kleben? Immerhin geht es bei dieser Zukunfts-Collage auch um deine Zukunft. Wenn du gerne abnehmen möchtest, kann dies durch ein Bild einer schlanken Frau oder eines bestimmten Kleidungsstücks symbolisiert werden. Dein Vorhaben, früher aufzustehen, um mehr vom Tag zu haben, kann durch einen Wecker dargestellt werden und das Bild einer einsamen, kleinen Insel kann dich an die regelmäßige Auszeit und Me-Time erinnern.

#2 Brief an dein zukünftiges Ich

Eine andere Form von Brief ist das Schreiben an dein zukünftiges Ich. Überlege dir, an welches zukünftige Ich du deine Worte richten möchtest. Sinnvoll wäre es, an das Ich zu schreiben, welches in einem Jahr in der elften Rauhnacht Anfang des Jahres an der gleichen Stelle sitzt und den Brief dann liest und womöglich sogar beantwortet. Was möchtest du deinem zukünftigen Ich mitteilen? Vielleicht kannst du ihm auch einige Fragen stellen, die das zukünftige Ich im nächsten Jahr beantwortet. Vielleicht erhältst du aber auch die eine oder andere Antwort bereits beim Schreiben, denn so wie der ganze Baum schon im Samen enthalten ist, ist auch dein zukünftiges Ich schon jetzt ein Teil von dir.

#3 Brief an dein früheres Ich

Unabhängig davon, ob du an dein zukünftiges Ich geschrieben hast oder nicht, kannst du auch einen Brief an dein früheres Ich von vor einem Jahr schreiben. Denn auch dieses ist ein Teil von dir und damit an der Gestaltung deiner Zukunft beteiligt. Du kannst dich bei deinem früheren Ich für seine Hilfe bedanken, denn ohne diese wärst du jetzt nicht an dem Punkt, an welchem du jetzt bist. Wenn du zum Pessimismus oder zur Schwarzmalerei neigst, kannst du deinem früheren Ich schreiben, was dieses alles erreicht hat und ihm sagen, dass es stets ein geschätzter und geliebter Teil deines Ichs sein wird. Fühl dich nochmal in dein früheres Ich hinein. Wie hast du dich damals gefühlt und wie fühlst du dich heute?

Verabschiede dich dann von deinem früheren Ich, jedoch nicht im Sinne von Lebwohl, sondern als integrierten Teil deiner Persönlichkeit, der auch ein Teil deines zukünftigen Ichs bleiben wird.

#4 Brief an dein heutiges Ich

Stell dir vor, du könntest dich von außen betrachten und wolltest dir einige wichtige Dinge sagen. Was könnte das sein? Mut machen für die Zukunft, eine Liebeserklärung und vielleicht ein bis jetzt unentdeckter oder verdrängter Wunsch für die Zukunft? Beim Schreiben kommen manchmal Dinge ins Bewusstsein, die sonst meist im Unterbewusstsein begraben sind. Nicht jeder Wunsch äußert sich lautstark und ist dir auch wirklich bewusst. So manch eine leise Stimme in dir bleibt womöglich ungehört und benötigt eine stille Stunde und eine Art persönliche Einladung, um sich bemerkbar zu machen. Ein Brief an dein heutiges Ich, geschrieben in der elften Rauhnacht, kann eine solche Einladung sein, so dass auch die bisher nicht wahrgenommenen oder totgeglaubten Träume und Wünsche sich wieder trauen, an die Oberfläche des Bewusstseins zu kommen und, wie Phoenix aus der Asche, in dir aufzuerstehen.

#5 Brief an deinen Schutzengel

Ob du nun an die Existenz eines persönlichen Schutzengels glaubst oder nicht: Es gibt dir ein Gefühl von Geborgenheit und Schutz, an einen Schutzengel oder eine andere dich behütende Macht oder Wesenheit zu schreiben. In diesem Brief kannst du dich für all die glücklichen Fügungen bedanken, die dir bis jetzt widerfahren sind. Wenn du dir vorstellst, dein Schutzengel sei ein Teil von dir, ist das auch okay. Es geht lediglich darum, dass du dir bewusst machst, dass da etwas oder jemand ist, der dich liebt und behütet und dich auf all deinen Wegen und auch in schwierigen Zeiten begleitet, nicht nur in der Vergangenheit und der Gegenwart, sondern auch in der Zukunft, die zum größten Teil dennoch in deiner Hand liegt.

Selbstreflexion

Was willst du in diesem noch jungen Jahr für dein Privatleben tun?

Wie möchtest du deine Gesundheit verbessern?

Wie sehen deine beruflichen Pläne für die Zukunft aus?

Wie kannst du dich selbst motivieren, wenn du einmal einen Durchhänger hast?

____

____

____

Wie möchtest du dich fühlen, wenn du in der nächsten elften Rauhnacht in einem Jahr auf dieses Jahr zurückblickst?

____

____

____

Hier kannst du weitere Gedanken aufschreiben:

____

____

____

____

____

____

Tipps, Impulse und Anregungen für das nächste Jahr

Im Sinne der elften Rauhnacht mit ihrem Bezug zum Skorpion und der Unterwelt kannst du dich immer wieder selbst erneuern und stets einmal mehr aufstehen als du hingefallen bist. Es kann Zeiten geben, in welchen du dich zurückziehen musst, um dich auf dich selbst besinnen und wieder auf die Füße fallen zu können. Nutze diese Zeiten, um Kräfte zu sammeln, dann bist du wie der Pfeil, der erst zurückgezogen wird, bevor er losgelassen wird und mit Schnelligkeit und Kraft sein Ziel erreicht. Glaube also nicht, alles wäre vorbei, wenn einmal scheinbar nichts vorangeht. Das ist nur die Ruhe vor dem Sturm, das Anlaufholen, bevor es wieder weitergeht. Denk immer an den totgeglaubten Phoenix, der aus der Asche aufersteht und mit neuer Kraft ausgestattet ist, um zum Helden seiner eigenen Geschichte zu werden.

Kapitel 16

Zwölfte Rauhnacht – 5. Januar
Erfahrungen verankern und nach vorne blicken

Die zwölfte Rauhnacht steht für den Monat Dezember, der wiederum zum größten Teil vom Sternzeichen Schützen dominiert wird. Dieser ist zwar ein Feuerzeichen, jedoch weniger stürmisch als die beiden anderen Feuerzeichen Widder und Löwe, denn er weiß seine Energien bewusst und gezielt einzusetzen. Kein Wunder, kann er doch auf seine Erfahrungen vertrauen und hat stets sein Ziel im Visier. Es gilt also, von der Vergangenheit zu lernen und dann nach vorne zu blicken, um dein Ziel zu erreichen, wie fern es auch sein mag. Mit der letzten Rauhnacht heißt es daher: Anker lichten und volle Fahrt voraus in ein neues Jahr und ein neues Leben!

Rituale für die zwölfte Rauhnacht

Auch für die letzte Rauhnacht vom 4. auf den 5. Januar, die genau genommen am 5. Januar um 23.59 Uhr endet, kannst du dir ein oder mehrere Rituale vornehmen, um dich ganz auf die neue Zeit einzustimmen. Vielleicht magst du einen schönen Abendspaziergang machen, in welchem du die vergangenen Tage und Nächte Revue passieren lässt. Sinn- und stimmungsvoll ist es auch, wenn du dir die für dich persönlich wichtigsten Passagen im vorliegenden Buch oder deinen Mitschriften noch einmal durchliest. Die nun letzten fünf Rituale sind, wie auch die Rituale für die vergangenen Nächte zuvor, als Inspiration und Vorschlag anzusehen. Wenn du eigene Ideen für besondere Rituale hast, dann kannst du auch diese in die Tat umsetzen und deine 12. Rauhnacht ganz nach deinen Vorstellungen zelebrieren.

#1 Schriftliche Zusammenfassung der vergangenen Rauhnächte- und Tage

Manchmal kann es hilfreich sein, wichtige Erkenntnisse, Gedanken und Ideen noch einmal schriftlich festzuhalten. Sie bleiben dann besser in deiner Erinnerung verankert und du kannst deine Aufzeichnungen jederzeit zur Hand nehmen und dir das für dich Wichtigste immer wieder ins Gedächtnis rufen. Oft kommen bedeutsame Erkenntnisse nicht am gleichen Abend, sondern tatsächlich erst gegen Ende der Rauhnachtszeit, wenn sich manches gesetzt und Raum in dir gefunden hat. Schreibe darum all das auf, was dir jetzt, in der letzten Rauhnacht durch den Kopf geht, und nimm es während des Jahres immer wieder einmal zur Hand, um dich auf deine dort notierten Wünsche, Pläne und Ziele einzustimmen. So kommt auch zwischendurch immer wieder einmal ein kleiner Hauch der mystischen Rauhnachtszeit in deinen Alltag, um dich daran zu erinnern, dass du ein Ziel und damit einen Weg und eine Aufgabe vor dir hast.

#2 Kerzen anzünden zur letzten Rauhnachts-Meditation

Du kannst auch eine Kerze anzünden und über die Kerzenflamme bzw. das Feuer in dir meditieren. So wie die Kerze langsam herunterbrennt, geht auch diese Rauhnachtszeit langsam zu Ende. Was bleibt? Das kannst nur du selbst dir beantworten. Auch deine Zeit schreitet mit jedem Augenblick voran und doch liegt in jedem Moment die Ewigkeit begründet. Denn es gibt neben der Zeit-Quantität, bei der es um Sekunden, Minuten, Tage und Jahre geht, auch eine Zeit-Qualität und es lohnt sich, in der letzten Rauhnacht ebenso über diese Zeit-Qualität zu meditieren.

#3 Eine letzte Räucherung

Viele Menschen nehmen in der letzten Rauhnacht (entweder nach Mitternacht in der Nacht zum 5. Januar oder vor Mitternacht in der Nacht zum 6. Januar) auch noch einmal eine allerletzte Räucherung vor. Dies ist selbstverständlich kein Muss. Du kannst stattdessen auch mit einem Räucherstäbchen oder einer brennenden Kerze durch sämtliche Räume gehen oder jeden Raum einfach mit einer liebevollen Geste und ebenso liebevollen Worten segnen. Selbst, wenn du von alldem nichts und einfach etwas ganz anderes machst, ist das in Ordnung. Dein Zuhause hat jetzt auch so schon eine gereinigte und besonders wohltuende Atmosphäre, da du es selbst bist, von dem diese Ausstrahlung ausgeht.

#4 Ein Rauhnachts-Abschieds-Tee

Stell dir für deinen Rauhnachts-Abschieds-Tee rechtzeitig eine ganz besondere Mischung zusammen und genieß den Tee, während du, am Fenster sitzend, in den Abend- oder Nachthimmel schaust. Du kannst für diese letzte Rauhnacht auch einen Rauhnachts-Abschieds-Kuchen nach eigener Rezeptidee backen.

Vielleicht magst du dich für diese letzte Rauhnacht sogar besonders schick oder außergewöhnlich anziehen und diese Garderobe ebenso nächstes Jahr zur zwölften Rauhnacht tragen. Manche Menschen ziehen sich in der letzten Rauhnacht ganz in Weiß an, als Zeichen für einen Neuanfang. Denn, wenn auch die Zeit der Rauhnächte mit dieser Nacht zu Ende geht, so fängt doch für dich ab jetzt ein neues Leben an.

#5: Rauhnachts-Kalender für die nächsten Rauhnächte

Wir Menschen lieben es, kleine Päckchen auszupacken oder auch die Türchen eines Adventskalenders zu öffnen, selbst wenn wir schon wissen, was sich dahinter verbirgt.

Darum kannst du dir selbst eine Freude bereiten, indem du für die nächsten Rauhnächte einen Rauhnachts-Kalender mit zwölf

kleinen Säckchen bastelst und diese dann in der Zeit der Sperrnächte vor den Rauhnächten mit netten Kleinigkeiten befüllst. Du hast bis dahin noch 12 Monate Zeit, dir zu überlegen, was in deinen Rauhnachts-Kalender für nächstes Jahr hineinsoll.

Selbstreflexion

Welches ist die wichtigste Erkenntnis, die du mit in dein neues Jahr nimmst?

___

___

___

Welches deiner Ziele hat für dich oberste Priorität?

___

___

___

Wie fühlst du dich jetzt im Vergleich zu vor diesen Rauhnächten?

___

___

___

Was genau hat sich für dich verändert?

Welches ist dein erstes Ziel nach der heutigen, letzten Rauhnacht?

Hier kannst du weitere Gedanken aufschreiben:

Tipps, Impulse und Anregungen für das nächste Jahr

Da jede Rauhnacht für einen Monat des Jahres steht, ist es empfehlenswert, sich jeden Monat noch einmal alles Relevante für den jeweiligen Monat durchzulesen und die dazugehörigen Tipps und Impulse zu Herzen zu nehmen.

Am besten ist es, wenn du dafür ein konkretes Datum wählst, also nicht irgendwann im Januar, Februar und so weiter, sondern jeden ersten Tag des Monats oder jeden zweiten Sonntag im Monat. Du kannst dies als feste Verabredung mit dir selbst ansehen, dir die passenden Passagen im Buch und deinen Mitschriften bei Kerzenschein und einem besonders wohlschmeckenden Tee anschauen und dir so einmal wieder die gemütlichen und erkenntnisreichen Stunden der Rauhnächte in Erinnerung rufen.

Und wie immer: Sei nicht zu streng mit dir, es geht nicht um Perfektion, sondern um dich, dein Leben und dein Wohlergehen. Und was du in diesem Jahr nicht schaffst, kannst du im Jahr darauf in Angriff nehmen, denn nach den Rauhnächten ist vor den Rauhnächten. Bis dahin wünsche ich dir alles Liebe und Gute.

Nachwort

Nun sind wir an das Ende dieses Buches über und für die Rauhnächte gekommen. Das Ende des Buches ist aber zugleich auch ein Neuanfang: Der Beginn eines neuen Lebensabschnittes für dich, für welchen du mit den vorliegenden Tipps, Übungen und Inspirationen hervorragend gewappnet bist.

Natürlich wird es auch in diesem Jahr immer wieder einmal Phasen geben, die schwer zu bewältigen sind. Doch wenn du mit deiner Aufmerksamkeit im Hier und Jetzt und damit ganz bei dir bleibst, einen Schritt nach dem anderen bewältigst und dich an dieses Buch und deine diesbezüglichen Mitschriften erinnerst, wirst du auch diese herausfordernden Zeiten bewältigen können. Ohnehin wirst du durch die Rauhnächte und das regelmäßige Reflektieren über die Zeit der Rauhnächte hinaus an Resilienz gewonnen haben. Mit dieser neu gewonnenen Stärke und Widerstandskraft kannst du solchen zukünftigen Herausforderungen ganz anders begegnen als noch vor einem Jahr.

Denn du weißt: Auch die schwierigste Zeit geht einmal vorüber und auch das bislang scheinbar größte Problem wird irgendwann gelöst sein. Es gibt also immer ein Danach – eine Zeit der Ruhe, bis das nächste Problem, die nächste Herausforderung wieder vor der Tür stehen. In diesem Sinne soll dieser Ratgeber zum Thema Rauchnächte auch kein gewöhnliches Buch, sondern ein Nachschlagewerk und Arbeitsbuch sein, welches du regelmäßig zur Hand nimmst. Vielleicht können dir die eine oder andere Übung oder ein bestimmtes Ritual auch mitten im Jahr einmal eine Hilfe sein. Als Erinnerung und Motivation, um deine während der Rauhnachtszeit formulierten Ziele zu erreichen, ist das Nachschlagen im Buch und deinen Mitschriften ebenfalls hilfreich. Halt also an deinen Zielen fest, wenn es auch einmal schwierig wird oder der Erfolg scheinbar auf sich warten lässt. Erfolg ist weder eine Einbahnstraße noch ein Weg, der ständig bergauf führt. Stattdessen gleich ein erfolgreiches Leben eher einer Achterbahnfahrt mit vielen Aufs und Abs und Kurven, bei denen dir schwindelig wird. Doch im Gegensatz zur Achterbahn, die sich stets nur im Kreis dreht, wirst du in diesem Jahr dein Ziel erreichen, wenn du an dich und deine Ziele glaubst und auf eine harmonische Work-Life-Balance achtest. Schau dir jeden Monat deine Unterlagen oder das entsprechende Kapitel im Buch an, um zu erkennen, wo du stehst und was deine nächsten Schritte sind, um dein jeweiliges Ziel zu erreichen. Und Krempel nach einem Durchhänger oder einem Motivationsloch erneut die Ärmel hoch, anstatt aufzugeben, weil du nicht perfekt bist. Perfektion ist schließlich nicht das Ziel, sondern ein unerreichbares Ideal. Du bist perfekt so, wie du bist – mit deinen Aufs und Abs, deinen Schwächen und Stärken, deinen Wünschen und Träumen und mit deinen täglichen Bemühungen, auf dem Weg zum Ziel voranzukommen.

Wenn dir dieses Buch dabei einen Ansporn, neue Impulse und mehr Klarheit geben konnte, dann hat das Gesetz der Anziehung dir damals genau das richtige Werkzeug in die Hand gegeben, um deinem Leben eine neue Richtung zu geben. Genieß nun deine neu gewonnene Lebenskraft, lichte deine Anker und setz die Segel so, dass dein Lebensschiff dich an dein Ziel trägt.

Deine Marie

Literatur

- Braun, Petra (2020): Die Magie der Raunächte: Mystische Geschichten und Rituale
- Brevil, Emonora (2022): Rauhnächte - die Magie der zwölf heiligen Nächte
- Deiß, Caroline (2023): Geheimnisvolle Rauhnächte: Rituale, Rezepte, Räucheranleitungen und Weissagungen für die magische Zeit zwischen den Jahren
- Dohler, Christine (2022): Rauhnächte mit Kindern erleben: Eine magische Reise für die ganze Familie
- Dohler, Christine (2023): Die weibliche Energie der Rauhnächte: Eine magische Reise für Frauen
- Griebert-Schröder, Vera (2021): Die magische Reise des Rauhnächte-Raben Trix: Wie wir Zuversicht, inneren Wandel und Kraft für das Neue finden
- Griebert-Schröder, Vera (2022): Vom Zauber der Rauhnächte: Weissagungen, Rituale und Bräuche für die Zeit zwischen den Jahren
- Hering, Annett (2019): Die Rauhnächte - Im Fluss der Zeiten: Ein Workbook für die 12 heiligen Nächte mit viel Raum für eigene Notizen
- Herzog, Annemarie (2022): Gelebte Rau(ch)nächte: Mit Räucherrezepturen für jede Raunacht
- Honecker, Martina (2023): Rauhnächte bewusst erleben: Workbook
- Kerschbaummayr, Günter (2023): Mit den Raunächten in die Neue Zeit: Die Magie der 13 Heiligen Nächte für wahre Transformation nutzen

- Kirschgruber, Valentin (2013): Das Wunder der Rauhnächte: Märchen, Bräuche und Rituale für die innere Einkehr
- Klindert, Verena (2023): Tarot Journal für Rauhnächte und Jahreswende
- Köhler, Tanja (2023): Rauhnächte - 12 Tage nur für dich
- Krassnitzer, Harald (2020): Rauhnächte: Wunderbares für eine besondere Zeit.
- Lamprecht, Michaela (2021): Rauhnächte – eine magische Reise zu dir selbst!
- Leurs-Burkatzki, Nadine (2024): Die Magie der Dunkel- und Rauhnächte: Tore zwischen den Zeiten
- Mayhofer, Anna (2023): Die Magie der 12 Rauhnächte
- Mergel, Jessica (2023): Rauhnächte Kompass- die 12 Säulen des neuen Jahres
- Missing, Melanie (2021): Durch die Rauhnächte mit den Engeln: Rituale, Botschaften und Meditationen für die 12 heiligen Nächte
- Obermüller, Margot (2023): Rauhnächte - Zwölf heilige Nächte voller Zauber, Magie und Geheimnisse
- Reimann, Antara (2020): Rauhnächte und die Kraft der Runen: Alte Bräuche in einer modernen Zeit
- Ruland, Jeanne (2009): Das Geheimnis der Rauhnächte: Ein Wegweiser durch die zwölf heiligen Nächte
- Stainer, Renata (2023): Der Zauber der 12 Rauhnächte: Das Workbook für deine magische Reise zu dir selbst!
- Tasja, Namas T. (2023): Mein magischer Rauhnächte-Begleiter
- Tschirch, Beate (2023): Rauhnächte – Zauber der Zukunft: Dein Begleiter mit 12 kraftvollen Natur-Ritualen, die Licht in die Dunkelheit bringen, und stärkenden Bräuchen
- Waldermann-Scherhak, Sandra (2017): Rauhnacht-Rituale für Frauen

FEEDBACK

Falls du Fragen oder Anregungen hast, freuen wir uns über eine E-Mail an **info@ehrengut-verlag.de**.

Wir schätzen jede einzelne Rückmeldung und werden uns so schnell wie möglich bei dir zurückmelden.

Möchtest du unseren Verlag unterstützen?

Dann freuen wir uns über deine Rezension im Internet.

Vielen Dank!

Zeitfracht Medien GmbH
Ferdinand-Jühlke-Straße 7
99095 Erfurt, Deutschland
produktsicherheit@kolibri360.de